当代学校变革的理论与实践译丛

杨小微 主编

走出"盒子"的教与学

在课程中激发想象力

（第四版）

Kieran Egan Maureen Stout Keiichi Takaya 编著

王肇峰 张天宝 译

Teaching and Learning
Outside the Box

华东师范大学出版社

上海市版权局著作权合同登记　图字：09－2008－151号

目　录

"当代学校变革的理论与实践"译丛总序

我们处在一个变革的大时代。世界范围内的教育改革方兴未艾,基础教育领域中学校变革的理论与实践也是形形色色。就其基本进路来看,大致围绕两个问题展开,一是学校改革到底应该是"自上而下"还是"自下而上",或者是两者的结合?二是学校改革到底应该侧重于什么,是人、学校还是整个系统?前者是一个改革的路线问题,可称为"路线之争";后者是一个改革过程中关注点的问题,可称为"重点之争"。

关于路线之争。1969 年,Robert Chin 和 Kenneth D. Benne 在其著作《影响人类社会的一般变革策略》中对 20 世纪 70 年代以前的西方变革策略进行了概括。他认为,存在三种有计划的变革策略,即"权力—强制"型、"经验—理性"型和"标准—再教育"型。第一、二种都是普遍常用的、自上而下的变革方式,它们要么依赖于政治、法律、行政和经济的力量强制推行,要么着眼于某种理想模式的普及。第三种则是一种自下而上的变革方式,主张变革是一个所有参与变革者共同建立标准和接受再教育的过程。这种自下而上的变革方式的兴起,使"自上而下"的传统变革方式受到了冲击,从而构成了路线之争的第一个阶段。80 年代中期以后,在学校改革中得出了两个基本共识:没有充足的证据说明采用自上而下的、命令—控制方法进行的改革提高了学校的效率;不少成功的事例证明,自内而外的改革学校的做法是可以提高学校效率的。依此,"学校本位"的改革策略备受关注,这种"自下而上"的教育变革开始与"自上而下"的标准本位学校改革和"自外而内"的市场本位学校改革分庭抗争,从而形成了路线之争的第二个阶段。路线之争在随后的 90 年代进入了第三个阶段,即人们已经不再局限于在"自上而下"和"自下而上"两者之间作非此即彼的选择了,而是开始寻找第三条路线。其中,欧洲经济合作与开发组织(OECD)提出了"共同适应与发展"的策略。霍尔和霍德于 2001 年在《实施变革:模式、原则与困境》提出了所有变革者平等参与的"水平模式"。迈克·富兰则在《变革的力量——透视教育改革》中以同样丰富的事例证明,"集权和分权都行不通",变革要坚持做到自上而下和自下而上同时给予相互影响。

关于重点之争。20 世纪 90 年代,学校变革的理论研究开始关注变革过程中以什么为重点的问题。M. Sashkin 和 J. Ebenmier 于 1993 年在一篇名为《学校变革的方法与过程》的文章中归纳了美国的教育改革存在的四种策略:(1)着眼于部分的策略,意图是革新学校里的某一部分,如教学大纲的某一部分;(2)着眼于人的策略,它的意图是改变人的态度、知识和技能,例如通过补习和继续教育来实现;(3)是指变革作为机构的单个学校,如通过组织发展;(4)着眼于系统的策略,是以改变整个学校系统方式进行变革。波·达林于1998年在《学校发展:理论与战略》提出了与之类似的三大策略,即个别化策略、组织化策略和系统化策略。变革分别以起始变革者、单个学校和学校系统为"单位"。

从思维方式的角度来看,无论是路线之争还是重点之争,思维的发展过程都是一致的,即从简单趋于复杂。大致来讲,这种思维方式有三个特点:一是强调变革主体间的互动和相互促进;二是强调变革过程在不断反思与重建中动态生成;三是强调变革没有普遍的模式,要根据具体情景而变化。

循着这种思维方式的走向,纵观当今西方世界的学校变革,我们不难发现,一种新的改革趋势正在受到越来越多的人的关注——这就是区域改革(district-wide reform),也称为学区改革(school district reform)。从研究形态上看,大致可分为三种:一是实践形态的,在美国和加拿大各学区中已有不少这种改革的案例;二是文献分析型的,如美国学者G. S. Shannon 和 P. Bylsma(2004)在《学区有效变革的特点:来自研究的主题》一文中,对过去15年来23个有关区域改革的研究进行调查,归纳出了区域改革的13个特点;三是实践与理论相结合的研究形态,如富兰等人在加拿大、美国和英国的多个学区进行了区域变革的研究。在此研究的基础上,他们在《区域变革的新启示》一文中总结出了有效的区域变革的10要素。从区域变革的切入点来看,这些变革大多以一个涉及全区的普遍性问题(如教师集中培训问题、全区学生的健康问题、全区学生的识字能力提高问题、全区资金的统一管理问题,等等)入手,进行区域变革,而着眼于区域中各个学校内涵发展的则相对较少。正因为如此,富兰在其《教育变革的三个故事》中指出,在区域变革中的主要敌人之一就是对于学校内涵发展的忽视,而事实上每个学校的内涵发展都是无法替代的。

我国的基础教育尤其是义务教育阶段的当代改革,在经历了改革开放30年来从微观方法手段的更新到宏观体制理顺再到课程、信息技术等主题变革的多次转换之后,逐渐聚焦于学校这一中观意义上的基础性的分析单位。处于学校层面的改革实践,大致可以区分为两大类型。一是由教学、课程、信息技术、组织管理及教师专业发展某一维度的切入而引发的相关性改革,虽有一定力度但未能触及学校的结构、形态和整体品质,总体上属于局部的改革。这一类型的改革或可称为"非转型性变革"。另一类型则是顺应当前社会整体结构的转型及相应的教育结构与功能转型之大趋势,致力于学校整体面貌、内在基质和实践形态的有结构的变革,以此实现学校由近代型向现代型的根本转变,努力创建21世纪新型学校。这一类型可称为"转型性变革"。学校内部的转型性变革,面临着如何在学校整体性变革框架和思路之下,统整学校发展的价值观与目标重建,学习方式与学科课堂教学重建,学校德育或班级工作重建,学校组织、制度和文化的更新与重建,学校变革的方法论重建等重要问题。

三十年学校改革实践促进了理论研究的不断深入,也到了一个系统反思和整体转型的关口。随着教育改革实践阶段和性质的不断转换,理论研究的思路与方法也应作相应的调整和提升。无论是对教学、课程、班级建设、学校管理等领域进行反思与重建,还是对西方教育改革理论资源加以本土式吸取,都需要在研究的方法、策略及思维方式上进行方法论重建与创新,既丰富基础教育改革与发展的理论,又为中国教育学的理论建设提供新思路和新资源。

　　在我国的基础教育改革大潮中,区域性改革和学校变革分属于宏观与中观两个不同的层面,但在新的历史条件下,两者开始呈现出新的关系状态。

　　就宏观领域来看,区域推进是我国素质教育常用的变革方式。改革开放三十年来,我国区域推进教育改革大致经历了“恢复高考之后的散点推进阶段”、“在体制改革框架下的综合改革阶段”和“以全面实施素质教育为追求的区域推进阶段”,而今进入了“以义务教育均衡发展为主题的区域推进深化阶段”。正在兴起的以均衡发展为导向的区域推进教育研究,是当前素质教育的时代主题。我国教育发展非均衡状况主要表现为:东部地区多种发展水平在区域内共存,先进与落后、富裕与贫穷、国际化与本土化之间既冲突又融合,区域“内差异”突显,这种内差异对教育发展而言,既是障碍又是资源。中部地区以农业文明为主导、属中等发达地区,但改革开放以来经济发展呈塌陷之势,教育的基础条件薄弱,教育投入的区域分配不均衡、普九欠贷严重,应试教育的强势导向更加大了这种不均衡,中部崛起战略将带来发展机遇。西部地区的经济总体上欠发达,多民族文化交融与冲突,高密度的国际援助在促进教育发展的同时,也使理想与现实、观念与行动之间的落差加大。面对这一非均衡状况需要进行区域变革的理论反思。其一,基础教育内涵发展在不同地区具有不同的“内涵”。尽管在东中西部,教育均衡发展处于不同的阶段,但是,无论处于哪一个阶段,内涵式发展都是基础教育均衡发展的题中应有之义。其二,对差异和均衡要有正确理解。我们承认差异、直面差异,但这并不意味着我们视一切差异为合理的存在。均衡是有差异的均衡,是追求优质的均衡,也是动态的均衡。就东、中、西不同地区基础教育促进均衡发展的状况来看,有的是不断提升底线的“成长性均衡”,有的是强势弱势不断互动和转化的均衡,还有的是将差异不断转变为发展资源的“有效益的均衡”而不是“削峰填谷”式的“平均”。也就是说,区域变革的推进离不开每一所学校的内涵式发展,而区域的均衡发展,也同样是以促进每所学校在自身基础上的发展为导向的。

　　在中观层面,学校变革是我国在推进素质教育过程中一直探索的主题。上个世纪80年代初开始的、综合的、整体的学校教育改革实践,是较早把研究的目光聚集到学校这个层面上来的。这一时期学校变革最突出的特征是引进系统科学方法论,强化了在学校层面上进行变革的整体意识。但这种整体性、系统观,在实际运用上仍停留于一般原则和空泛的口号。

在随后的 90 年代,一些大学研究者与中小学合作展开了主体教育实验,这一研究给中国的基础教育发展产生了不可忽视的影响。但是,其在学校变革方面的研究主要侧重于课堂教学,对班级建设和学校管理较少涉及,尚未形成较为完整的构架。在区域推进方面的研究,由于研究者指导的实验学校数量较大、跟进较快,较少对实践的深度介入和研究,也未形成步步深入的逐阶段推广计划。从理论构思上看,主体教育实验所强调的人的主体性毕竟只是作为整体的人的一部分功能特性,着眼于主体性的教育变革仍然很难称得上是一种"整体的人"的变革,也不是完全着眼于学校整体的"转型性"的变革。

从 90 年代中期开始,华东师范大学学者叶澜主持的"新基础教育"在东南沿海一些城市与中小学携手开展了学校的"转型性变革",顺应当前社会整体结构的转型及相应的教育结构与功能转型之大趋势,致力于学校整体面貌、内在基质和实践形态的有结构的变革,以此实现学校由近代型向现代型的根本转变,努力创建 21 世纪新型学校。这一变革的突出特点是:着重于内涵式和整体转型式的变革,注重将"推广性"与"发展性"相结合、基地学校深化与区域辐射推进并重、多元主体的参与以及多层面多形态的合作。

通过以上对中外基础教育改革发展总体状况的梳理,我们至少可以得出以下几点启示。首先,无论自上而下还是自下而上的改革,最终走向上下结合,如课程改革一进入实施,就离不开教学支持,离不开校本培训和校本研究;又如产生于基层的新基础教育、主体教育实验、学校整体改革,一旦得到地方行政支持,即转变为地方基础教育改革的政策和策略。这反映了三个层面是一种既相互制约又相互支撑的关系。其次,区域变革为上下结合型的变革提供了一个良好平台。在这个平台上,来自不同层面的基层学校、教育行政和大学科研人员聚集在一起,共同成就提升学校之"事",并在这种"成事"的过程中,成就个人、团队和组织自身的发展。再次,区域性改革与学校的内涵发展相结合是当代教育改革的必然趋势。学校不能离开区域生态而存活,没有学校深度变革的区域改革会失去依托。同时,缺少了区域改革氛围烘托的单个学校变革会成为孤岛。学校变革与区域改革必须同时推进、相辅相成。但目前国内外的研究在这方面都缺乏在这两者之间建立起内在联系的清醒认识,这需要有着眼于关系、过程的综合性研究思维和整体构建的发展思路。最后,当代学校变革应该着眼于"转型性变革"。转型是一种结构性重建,当今学校变革的主要任务,不是点状修补、也不是线性式的以新替旧,而是从学校组织的关键要素及其相互关系构成的整体结构上加以重组和优化。

然而,教育改革越是深入,其难度和复杂程度越高,在艰难的探索历程中,我们既需要勇气和坚持性,也需要不断地吸收域外同行探索提炼的最新研究成果,作为滋养我们的宝贵资源,藉此拓展我们的研究视野、提升我们的变革智慧。有鉴于此,我们在华东师范大学出版社的鼎力支持下,从海量的前沿研究成果中,筛选出我们认为有价值的相关论著陆续译出,构成一个不断跟进的译丛。

译丛的首批书目共七本,即:

(1)迈克·富兰(Michael Fullan)著,武云斐译:《教育变革的新意义》;

(2)迈克·富兰(Michael Fullan)著,朱丽译:《变革的6个秘密》;

(3)大卫·霍普金斯(David Hopkins)著,鲍道宏译:《让每一所学校成为杰出的学校——实现系统领导的潜力》;

(4)菲利普·C·斯科勒克蒂(Phillip C. Schlechty)著,杜芳芳译:《创建卓越学校——教育变革核心之六大关键系统》;

(5)布伦特·戴维斯(Brent Davis)著,毛齐明译:《心智交汇:复杂时代的教学变革》;

(6)克尔隆·埃根(Kieran Egan)等编写,王攀峰、张天宝译:《走出"盒子"的教与学——在课程中激发想象力》;

(7)论文集:《实践智慧——舒尔曼论教学、学习与教师教育》(王凯译)。

迈克·富兰所著《教育变革的新意义》一书主要包括三个部分,第一部分主题是"理解教育变革"(第1章到第6章),提供了教育变革如何发生的详细图景。具体讨论了教育变革的历史、变革的主观现实性以及变革的动力,为成功的或不成功的改革过程提供了关键的内在视角。接下来重点关注特定的教育变革的决定是如何以及为何做出的,变革是如何实施和持续的,研究了规划及应对教育变革的各种复杂问题,试图回答"发展方向问题"。第二部分是对地方层面变革的论述,它由五章构成(第7到11章),其间讨论了在学校和学区层面不同职位上人们的角色问题。作者通过分析关键参与者即教师和校长的角色以及他们之间的组织关系,检视了学校之中的变革。这部分最后两章讨论了家长、社区和学校董事会的角色,特别讨论了具体的家长角色在教学、决策制定及其他与学校和子女教育的问题方面所起的作用。还通过案例分析了学区在学校变革中扮演的角色。第三部分共4章,讨论转向区域和国家层面,评估了政府机构的作用的两难问题并为政府行动提供了一些行动指南,讨论了学校中个体的教育和专业发展问题,最后基于教育变革的未来发展趋势和展望,反思了变革中的问题。作者风趣地指出:希望就存在于60年代的天真之中,70年代的玩世不恭之中,80、90年代的部分的成功之中,以及新世纪之始对现实的清醒认识之中,变革比我们想象的要困难得多。

迈克·富兰是多产的,我们在这批书目中还推出了他的《变革的6个秘密》以飨读者。2001年,他发现了五个彼此紧密联系且与组织成功联系在一起的主题:道德目标、理解变革、关系、知识运用和一致性。历时七年,他在考察了百万个变革实例后,从对英格兰和安大略(包括公立学校系统和大学)教育改革的理解工作,以及实现大规模的、真实性变革的工作,还包括他在世界各地参与的一些重要变革行动中发现的必须掌握的6个秘密,即:关爱并为一种高质量的目标而投资于你的员工是成功的基础;将同伴与目标联系起来;能力建设优先;学习即工作;透明法则;系统学习。掌握了它们,你将重新建立起应对变革的信心,这种信心反映了一句格言:"依据知识行动的能力,同时怀疑你所知道的。"

大卫·霍普金斯的《让每一所学校成为杰出的学校——实现系统领导的潜力》共八章按三编展开。在第一编"系统变革的缘起"中,开篇以一种压缩的形式陈述全书的基本观点,"让每一所学校成为杰出的学校"这句话,作为任何一个社会民主的教育体系中教育核心目标的隐喻被推出,并提出了学校改进的建议,还指出了先前大规模教育改革失败的事实,认为作为根本性的改革方法,系统改革的方法已经势在必行。许多国家大规模教育改革的努力尽管在早期取得了一些成功,但是,这些改革现在大部分止步于"高原期",对这些大规模改革结果分析显示,一段时间内,国家指令需要通过学校领导改革进行平衡。可是,从给定处方方式转换到专业自决的方式需要有系统的观点——在所有层次上都需要这样的能力建构。

第二编共四章,讨论的焦点转移到学习、教学和学校层面的进程,集中阐述了系统变革的四大动力,即个性化学习、专业化教学、理智责任、网状组织和创新。第三章讨论了个性化学习这一先导性主题,它允许系统从一个建立在提供服务基础上的系统转变成一个强调大规模定制品和合作生产的系统。个性化学习是它的教育形式。这一着重点提供了一座桥梁,它使处方式教学、学习技能、课程和评价,过渡到确保使每一位学生实现其潜能的课堂实践的方法上来。第四章论述的焦点是个性化学习需要对教师的教和学校自身组织方式作根本性调整,教师自身需要塑造成新的专业主义形象,他们用向学生提供大量数据和证据材料的各种各样的教学模式,达到使每一位学生都能进行个性化学习的目标。第五章讨论的中心问题是:在从"给定处方"到"专业自决"的过渡中,任何责任框架都不仅需要实现它的初始目的,例如提高水平,而且需要建立具有专业责任的能力和信心。建成"理智的"责任系统需要在内部评价和外部评价之间寻求平衡。第六章围绕如下中心问题展开:持续的教育改进不仅是学校的成就,也是学校中教师、学生的成就。持续的系统改进要求具备一个教育愿景,这一愿景为学校及当地社区共享共有。

第七、八章构成本书最后一编。为了让每一所学校成就非凡,通过培育系统内部的多样性和创新能力,实现富有生机的系统发展、壮大,并形成规模,就是必要的条件。作者一再重申"为了让每一所学校成为杰出的学校,要具备几个卓越的信念:诸如个性化,专业自决,网状工作模式,理智责任,个别与系统兼顾的领导方式"这一观点。这些观念如能被那些贴近实践的人掌握、运用，那么就能实现系统改革的潜力。作者讨论了国家和地方政府所扮演的角色在学校系统变革中的转变，并指出通向成功的"第三条道路"。在这条道路上，学校领导、教师、政策制定者和社区可以协同工作，把"让每一所学校成为杰出的学校"的理想变为现实。

菲利普·C·斯科勒克蒂所著的《创建卓越学校——教育变革核心的六大关键系统》，与大部分热衷于改造坏学校的改革者不同，作者这本书里关注的焦点是创建卓越学校。他引用克雷顿·克里斯汀生(Clayton Christensen)区分的两种革新类型，即：持续性创新和破坏性创新。充分与现存社会系统相一致的革新是持续性的革新，它对于这些系统的结构或文化几乎不产生影响。这种革新基本上是目前系统的延伸。它们意在改进效果和效率，并使目前的系统最大限度地发挥潜能。如果能够有效地使用破坏性革新，在组织的结构和文化方面都需要明显的改变。这种改变不仅需要信念、价值观和承诺的变革，也需要规则、角色和关系的变革。本书作者指出，在像学校这样复杂的社会组织里，具有决定作用的是六个关键系统，即：招募和引进系统、知识传递系统、权力和权威系统、评估系统、方向性系统和边界系统。全书分三个部分，第一部分区分了通过参与产生的服从和通过外在奖励或惩罚威胁产生的服从，认为只有通过戏剧性地变革决定学校行为的系统，才能把参与的培养作为学校的核心任务。系统变革中的六个关键系统由一系列复杂的规范和价值观而结合为一体，这些规范和价值观是在规则、角色和关系中表达出来的，从这一观察角度入手，阐明这些规范如何在学校场景和学区操作的。作者还描述了系统变革和成人服从模式之间的关系。第二部分即第四章到第九章，逐章详细阐述了必须变革的六个关键系统。第三部分是全书最后两章，讨论了如何迈向破坏性革新。作者呈现了分析人们遵守正式规范范围的框架，这些正式规范指导着系统内的行为。还尤其关注引进新规范的努力和支持新价值观与方向而产生的问题。最后向读者呈现了对于美国未来公立教育的个人看法。

布伦特·戴维斯的《心智交汇：复杂时代的教学变革》与大部分有关这个主题的文献不同，并不从假定存在既定的教学定义入手——甚至不假定可能(或应该)存在对于教学含义的广泛认同。相反，作者围绕一些疑难问题来组织本书。这些难题涉及感知、认知、行动、身份、背景、意图和一些有助于理解教学的其他问题。"什么是教学？"这本身就是一个难以回答的问题。事实上，在纷繁的教学理论、教学哲学和教学实践中，似乎只有一点已达成共识——即教学与促进学习有关。当然，这一点又使人想起另一个问题："什么是学习？"尽管人们很想承认这个问题已有定论，但事实上，这是一个非常复杂而又尚未充分理解的现象。如同教学一样，人们对学习的理解也多得令人咋舌。与教学一样似乎也没有多少共识——除了认为学习是改变人们已有的认知之外。

　　该书在第一编中讨论的问题是:什么是知识? 知识有什么作用? 认知是什么? 什么是认知者? 事实表明,这些问题并非微不足道,对于这些问题的最新回答,使人们的常识面临巨大的挑战。第二编着重论述学习。什么是学习? 学习是怎样发生的? 什么是学习者? 为什么有些学习者比其他学习者更有能力? 智力能够提高吗? 与认知一样,有关这些问题的最新见解可能具有挑战性。在有关教学的讨论中尤其如此。第三编讨论教学。正如大家所期望的,这一编也会提出一些与人们根深蒂固的信念和实践相左的东西。因为前面已经讨论了认知和学习,这部分着眼于考察时空中的不确定因素,主要目的是呈现一种切实可行的、与我们所处世界相契合的教学观。

　　作者声明,本书主要不是讨论根深蒂固的观念或者陈旧的实践,而是怀着更加令人鼓舞的目标,即探讨有关认知、学习和教学的新见解,考察它们为教育带来的发展空间。探讨这些主题时,我们的意图不在于用另一种自信来代替已有的深信不疑的信念,而是努力寻求一种更具尝试性的方法来探索存在和教育的复杂性——这是我们一直试图以诙谐的语言来强调的一种态度。

　　想象是教育中一个必不可少的方面,它允许我们从新的视角看待世界,以此帮助我们改善教学。克尔隆·埃根等多位作者撰写的《走出"盒子"的教与学——在课程中激发想象力》,从多重视角聚焦想象和想象力问题。作者们从历史、哲学、社会和心理等多个角度探讨这种新的教育观念,并考察想象在公共教育中的作用和含意。他们相信,学校必须培养和开发学生的智力、道德和审美想象力,以确保他们获得成功而富有意义的教育经验。然而,极其常见的是,尽管教学方案看上去使用了富有想象力的材料和方法,但课程和活动仍然无法激发学生想象力中的决定性方面。这本书致力于对想象力培养之价值和意义的深入理解,确立想象在教育中的理论和实践意义。

　　全书由两大部分构成。第一部分的作者从历史和哲学等多个视角看待"想象"这个概念,克尔隆·埃根的文章在开篇论述了想象在教育中的重要性,有的作者具体阐明了想象和教育之间的关联,有的则对有关教学中想象作用的某些普遍的无根据的观念和误解提出了质疑。有的作者力主一个人想象力的发展必须成为教育至关重要的部分,因为想象与教育的关联仅仅被一些教育理论家在教育原则上阐明或认识到,却不存在于当今的实践中;有的主张批判性思维和想象性思维是相互促进的技能,两者通常都是教育和社会科学中范式间知识建构所必需的。第二部分的作者提出了一些有关想象的通行的迷信说法,探讨了想象是如何成为学习的基础部分,并说明了实践中是如何看待想象教育的。这一部分的作者分别从"想象在数学课堂中的作用"、"想象与文学教学"、"想象与科学教育"、"想象与艺术教育"、"想象和问题青年的教育"、"富有想象力的多元文化教育"等方面展开专题研讨。

　　一位物理学家指出:"我们作为科学家的责任是……教授人们如何才能不害怕疑问、并主动迎接和讨论疑问,要求这种自由成为我们对于后代应尽的职责……如果我们想解决我们以前从未解决的问题,我们就必须让大门为未知半开着",而那扇门是由想象来打开的。

　　《实践智慧——舒尔曼论教学、学习与教师教育》是李·S·舒尔曼(Lee S. Shulman)探讨教学、教师教育和教育研究性质的论文集。舒尔曼曾任美国教育研究会、美国国家教育科学院、卡内基教学促进基金会等多个组织的主席,主持了教师思维、教师知识分类,PCK知识等多项具有开创性的研究项目,并积极倡导教学成为专业,以及促成西方教学研究范式转型,是影响美国教育政策,具有国际影响的重要教育学者。为此先后获得美国教育研究会的最高荣誉——教育研究杰出贡献终身成就奖、E·L·桑戴克杰出教育心理学贡献奖。这本文集囊括了舒尔曼各个时期的学术精品,涉及教学研究范式、教学的特性、教育心理学、案例教学、教师知识、教师评价等方面研究的成果。其中不乏《知识与教学:新改革的基础》《教学研究:历史与个人的视角》等影响深远,耳熟能详的名篇。因为舒尔曼几乎没有个人专著,这本文集可以算得上他的代表性作品。

　　上述首批书目中的前六本正好构成教育、学校、课程与教学三个层面的主题研讨,然而,这三个层面之间又是相互关联的。例如,迈克·富兰的两本著作是在一般意义上讨论教育改革,却始终不离开学校变革这一核心主题,他使用了大量特定的教育改革来解释教育变革的实践意义,这些特定的改革就涉及课程的各个学科(如语文、数学、科学、社会)、计算机、合作学习、特殊教育、学校重构、教师教育、全校性的革新等等领域;关于学校变革的两部著作都涉及学区与社区环境,且以系统的视野将学校变革置于社会变革的大背景中;另两部著作在课程、学习及学科课堂教学领域展开探讨,涉及的诸多问题都关系到学校的系统变革。可以说,六部著作浓缩地映射出当今以学校变革为核心的教育改革所呈现给世界的复杂多变的壮观图景。第七部属于学者个人的论文集,涉及教学、学习和教师教育多个领域,能给读者带来不一样的感受。

　　诚挚地感谢迈克·富兰先生、大卫·霍普金斯先生等多位原作者欣然为我们的译著撰写中文版序,这是对我们工作的最大激励。真诚地期待读者喜欢我们的选择,也真心地期待读者指出我们翻译过程中理解和表述上的错讹,并提出你们宝贵的建议。在读者的鼓励下,我们将有信心把后续工作做得更好。

杨小微

华东师范大学基础教育改革与发展研究所

2009 年 9 月 30 日

想象是教育中一个必不可少的方面,它允许我们从新的视角看待世界,以此帮助我们改善教学。在《走出"盒子"的教与学——在课程中激发想象力》这本书中,我们从历史、哲学、社会和心理等多个角度探讨这种新的教育观念,并考察想象在公共教育中的作用和含义。

我们相信,学校必须培养和开发学生的智力、道德和审美想象力,以确保他们获得成功而富有意义的教育经验。然而,极其常见的是,尽管教学方案看上去使用了富有想象力的材料和方法,但课程和活动仍然无法激发学生想象力中的决定性方面。比如,几乎所有的学科都运用了多媒体教学,但是这对于增进想象力无甚益处。在我们看来,这是由于当今学科和方法都是建立在对想象在学生生活中的重要性一知半解的基础之上。在这本书中,我们致力于深化理解,确立想象在教育中的理论和实践意义。

第一部分的作者从历史和哲学等多个视角看待"想象"这个概念,Kieran Egan 的文章在开篇论述了想象在教育中的重要性。第二部分的作者提出了一些有关想象的通行的迷信说法,探讨了想象是如何成为学习的基础部分,并说明了实践中是如何看待想象教育的。

有的章节具体阐明了想象和教育之间的关联,有的章节对有关教学中想象作用的某些普遍的无根据的观念和误解提出了质疑。比如,一种观点认为,科学与想象没有任何关系;另一种观点认为,想象是人文学科的特权。通过考察这些无根据的观念和说明想象在这些领域中的重要性,作者尝试为想象"去魅"(demythify)。

Egan 教授在《受过教育的头脑,教学中的想象》(*The Educated Mind, Imagination in Teaching and Learning*)及其他著作中提出,激发学生的想象力是一个重要的教育目的,它是使教学活动对所有的学生富有成效和充满意味的关键。然而,尽管他和其他人有这样的发现,尽管当前学校开始实施想象性教学,但仍没有系统地考察想象这一概念在教育中是为何及如何重要的。如果我们要采取一些激发师生想象力的措施来促进他们对知识和技能的掌握,并转变整个教育经验,那么这样一种理解就是绝对必要的。我们希望《走出"盒子"的教与学——在课程中激发想象力》能够帮助我们迈出转换的第一步。

第一部分　为教育想象设置背景

第一章 想象，过去和现在

Kieran Egan

在不同的时代和文化中，我们人类用不同的方式来描述自己的心理能力和功能。今天，许多学者仍试着理解古希腊人为那些心理功能赋予的一串名字中所蕴含的意义。我们头脑中的一个部分就是想象，这是为各种文化所认可的事实。每个人认识到，有一种能力使我们可以以回忆起精神形象、思考尚未出现的事物或考虑尚不存在的事物。虽然人们并不都用相同的方式定义想象或对它持有同样的信念和感受，但是人们普遍承认它的存在。

作为各章节的序言，我希望从西方传统的角度探讨想象的一些含义——这种传统决定着当今西方国家中最普遍使用的、在其他文化中也越来越多地使用的这个术语的含义。我探讨了想象在过去的几千年里是如何被界定的，以此帮助我们理解它在当代教育中的含义和作用。

研究想象在许多重要的方面上与研究科学是不同的。第一，当然，我们尝试对科学的内涵有一个更好和更清晰的理解，只是因为它是我们自己创造的一种文化产品。这并不意味着科学是一种毫无争议的概念，或它没有反映我们心理运算的特征。第二，我们可以把科学清楚地描述为一种不断进步的过程。现代科学比古代的、中世纪的或近代的科学都要先进。这并不意味着我们今天从事科学工作的人更加聪明，只是意味着方法更加精确复杂，而且应用这些方法的结果更加有效。我们完全不清楚，能够同样地对想象进行描述。我们不清楚，与我们远古狩猎的祖先相比，我们就是更优秀的想象者——事实上，对方乍一看更有可能。

在简要回顾了数个世纪以来层层含义是如何合并为我们所谓的想象之后，我想考虑在教育中应用这种才能的可能性的问题。一般而言，想象并不会像有关课程设计、教学方法和学生学习研究的教育著作中所期待的那样进展顺利。它似乎被排除于更加紧要的、从教学中寻求具体社会目标、注重效率和责任的科目之外。从那些在公共教育中鼓励和发起这种广泛运动的人们的视角来看，想象看上去类似于装饰品，它毫无疑问具有"艺术品"的价值，而不具有由那些怀有更明确的投资目标的人们付费的公共体制中更重要的目的的价值。

我想坚持主张，关注想象是达到那些目前公共教育的指导者们所期望的目标的一个更好的途径；想象作为被排斥的和被忽视的"装饰品"，确实是我们开展高效和富有成效的学习的最有效的工具。改善考试成绩的动力通常被看作与发展学生想象力是互不相容的。我认为，致力于改善学生的想象力将有利于教育成绩的大幅度提高。

想 象 的 意 义

大概毫不奇怪的是，公立学校的领导总是会提防想象。结果是，我们所认识的这个概念有着一段充满猜疑的历史。曾经影响西方世界观的两种主要的智力传统对于想象也有着同样的影响。希伯来语的《圣经》(The Hebrew Bible)在讲述修建巴别塔(the Tower of Babel)的故事时最先使用了一个可译为"想象"的词语。耶和华说："看啦，他们成为一样的人民，都是一样的言语，如今既做起这事来，以后他们所想做的事就没有不成就的了。"(Gen. 11:6, King James Version)人类的想象被认为是不虔诚的人类试图侵犯上帝特权的工具。其惩罚就是"巴别"(Babel or babble)，也就是变乱天下人的语言，使人们之间彼此语言不通。古希腊人讲述了普罗米修斯(Prometheus)的故事，他从上帝那里盗取了火种送给人类。拥有火种，在某种方式上侵犯了曾经一度属于神的特权。普罗米修斯(也写做"Prometheus"，即"先知"的含义)遭受惩罚，被捆在一块岩石上，陷入一种极其悲惨的命运。

在希伯来语和希腊故事中，人类对于想象的运用预示着对他们与神之间恰当的关系的妨害，预示着他们与事物的既定秩序之间关系的破坏。通过想象不存在的可能性事件来提前计划的能力是危险的——这不仅是对于神，而且是对于人类权威的威胁。独裁者通常不太希望在他们的领域中看见想象的迹象。

Plato 认为想象是理智的较低层部分(Conford, 1941)。他的教育计划中设计用以培养的最有价值的智力功能是纯理性。他认为，服从于想象而非抽象概念的召唤，是以牺牲高级功能为代价加强我们理智的低级功能，从而持续地富有吸引力地反对我们为获得揭示现实真理的纯理性而进行的艰苦斗争。人类通过绘画和雕刻所制作的所有形象至多只是神的原始创造行为的摹本。由于神创造了现实，因而所有的摹本和形象无论如何必定是不充分的、具有误导性的。然而，我们把 Plato 的结论理解为，原始节奏的创造者和诗人应禁止进入他的理想国。显然，他遗留给我们关于人类想象的价值的另一种强有力的说明。以牺牲理性的发展来加以激励的进一步可能性是，增加了促使我们逾越恰当界限的危险，富有魅力的形象总是使我们远离或偏离真理。

Plato 建构的极有影响力的关于我们思想图像的理论，给我们传达了一种在某些方面与理性相互冲突的想象的意义。它们的斗争是一种"零和"（zero-sum）的游戏；你对其中一个拥有得越多，你对于另一个就拥有得越少。毫无疑问，历史上致力于理性发展的教育家，非常担心他们所看到的仅仅是难以捉摸的对手。

Aristotle 阐明了一种更加复杂的想象的观点（Roberts，1954）。他完全没有消除早先的不信任，也提出，想象决不是一种模仿或复制的能力，这表明想象确实发挥了一种重要的智力功能。他认为，所有的思想来自于感觉，并且认为一个没有任何思想的婴儿成长为一个思想丰富的成人，留下的是感觉如何转变为思想的问题——物质要素是如何变成思想要素的。Aristotle 指出，这种转变是由想象造成的。

在欧洲中世纪期间，我们发现了一种司空见惯的对于想象的不信任，与 Aristotle 的观点一起，认为想象可能是一种有用的智力的仆人——只要小心地管理，它就是合理的、可控的。想象的问题在于，大多数中世纪作品都认为它不是一个值得信任的仆人，可能它太自以为是了。如果想象将思想带到上帝那儿，那么它就是有用的，它必须永远被理性严格管制，否则它将更有可能将思想和灵魂带往相反的方向。想象在 Aristotle 看来在感知力与理念之间发挥着调停的作用。它也是智力活动中特别软弱和容易犯错的部分，很容易被其产生的图像所迷惑。最敏感的区域正好是魔鬼理想的顿足跳舞之处。因此，想象也不被信任，它总是处于理性的警觉的控制之中。

早期的启蒙运动没有使想象的重要性得以提升。Descartes（1596—1650）认为，想象是困惑和"犯错误"的来源，只会阻碍理性分析。这种雄心勃勃的理性主义和科学探究的初级阶段，把想象看作我们完整天性中令人遗憾的瑕疵：即人们难以正确无误地发现真理和事实的原因。如果从根本上赋予想象一些积极的作用，那么它就是一种能够产生戏谑的艺术乐趣和魅力的才能，它就是一种当人们完成严肃的脑力工作后，开始轻松娱乐活动以打发闲暇时光的才能。这就是原科学家 Francis Bacon（1561—1626）以及后来的文学家 Joseph Addison（1672—1719）谈及的观点。他们所说的"幻想"在意义上与我们所说的"想象"相互接近。

进入 18 世纪,想象的建设性作用被认为非常有限。它能够产生诸如飞马形象这类被视为相对无意义的新奇的事物。我们从感觉上获取了马和翅膀的形象;两者在头脑中可以组合在一起。这其中不存在特殊意义,它是没有经过仔细考虑而产生的。人们认为想象不能产生完全崭新的事物,它只能把从感官中获得的观念进行重组。一般而言,应该阻止重组——想象这种最显著的能力,因为它有可能破坏理性及其立足的现实。

启蒙运动晚期,两位重要的哲学家给想象赋予了一种新的重要作用。David Hume(1711—1776)和 Immanuel Kant(1724—1804)都把想象视为我们能够构思一套有条理的世界观的关键。Hume 不是简单地把它看作将感觉印象转换成观念的过程,而是获得短暂的、不完全的、不断改变的感觉印象,并将之转换成一种连贯稳定的世界观。Kant 进一步指出,想象构建我们的感知力,这样我们所感觉和认知的事物是由我们的想象预先确定的。

这些学者是在人类意义阐释的最基础水平上论及想象的。需要注意的是,经验主义者 Hume 勉强承认想象的作用,并称之为"一种奇妙的才能"(Hume,1739/1888,p. 24)。Kant 在后期大大降低了他早期极为重视的想象的重要性。换句话说,两人把保持神秘的功能归之于知识是如何建构的模式所需要的想象功能。即使他们提出了一种想象的扩充的作用,它仍然是一种不易理解的词语。

现代意义的想象是一种多产的、生成性的能力,这大部分来自于浪漫主义作家。Coleridge 在他的《传记文学》(*Biographia Literaria*)(第 13 章)中宣布:"我坚持认为,原始的想象就是生命活力和人类感知的原动力,是人类无限'自我'的永恒创造性行为在其有限思想中的重现。"

无疑,这是一个崭新的想象概念,全然不同于之前的其他有关想象的认识。区别在于其重点放在其创造性、生成性力量上。浪漫主义作家也吸收了被称为康德的"哥白尼革命"的思想。正如哥白尼所指出的,地球环绕太阳转,而非以往所主张的太阳绕着地球转。因此,康德认为,人类思想的性质决定了人们理解这个世界的方式,它不是简单地再现感官所传递的现实的形象。

因此,思想被认为不再是反映现实世界的一面镜子,而是照亮黑暗和复杂现实的一盏明灯(Abrams,1958)。想象被看做对于探明世界的意义非常重要,以至浪漫主义作家抨击科学是揭示真理的一种可靠途径的言论。他们认为,想象力丰富的艺术家在揭示真理上并不比科学家少,事实上要更加深刻。恰如 John Keats 用紧凑的句子所表达的:"美即真,真也即美。"

　　然而,浪漫主义作家一般从艺术的角度夸大现实的可能性,毕竟,他们经营形象而非物质世界。Kearney(1988)气馁地指出:"浪漫主义想象或许不能履行自己的诺言"(p. 185),W. H. Auden 总结说:"诗歌不能让任何事情发生。"("In Memory of W. B. Yeats,"1936)艺术中的浪漫主义提升了想象的地位,但是在此过程中继续接受一种想象与理性相反或相冲突的思想图像。Wordsworth 认为,想象只不过是"处于最兴奋状态中的理性"(1805/1991, bk. 14, line 192)——想象不是在理性之外独立运转的一些截然不同的技能——太多的浪漫主义艺术家把作为理性产物的科学思想和工业革命视为敌人。因此,他们传递给我们一种想象的概念,即理性的敌对面。

　　对数个世纪的匆匆回顾揭示出我们当代想象概念中的一些组成要素。我们无疑已部分地继承了想象一贯的含义,即它至少不是我们头脑中理念的丰富联合。虽然许多人支持上文所引用的 Wordsworth 表达的观点——即想象只是处于最有效状态下的理性——但这个观点在反对平民、未开化者以及他们的竞争者所持的智力优越论的观念上取得缓慢进展。

　　我们已经看到一些伟大的哲学家得出结论,想象以某种方式被我们所有有意义的活动所吸引。因此,它也与我们的感情紧密联系起来。这是由 Mary Warnock(1976)在教育环境中提出的一种意见:

> 人类大脑中有一种力量,在我们日常感知世界的过程中起作用,也在我们思考那些不在场的事物时起作用。它使我们能够将这个世界中,无论是在场的还是不在场的都视为有意义的。虽然这种力量给我们"激发思考"的感受……但它不仅是理性的。其动力不仅源自感情,而且源自理性。(p. 196)

　　想象的另一个非常重要的意义在浪漫主义运动中得以极大推进。它是思考可能性存在事物的能力,是新奇事物、发明和创造力的源泉(White, 1990)。"正是想象扩大了我们的可能性的边界,无论是好也罢还是坏也罢"(Rousseau, 1911, p. 44)。

　　我们都具有一种保存现实中不存在的或仅仅在我们头脑中存在的图像的能力。这些图像的性质对于我们而言难以描述,因为它们不像我们在"外部"世界中所熟知的任何类型的图像。人们似乎也体验着完全不同的图像——有的清晰地获得栩栩如生的图片式的图像,有的获得非常模糊的经验以至图像不是一个真正合适的词语。同样的人可能熟悉这些看似不同类型、不同程度的"图像"。"问题之一是,那里的每一件事物都是待价而沽的,包括那种真正的问题"(Block,1981,p. 5)。决定想象的一种核心问题是,感知、记忆、观念的产生、情绪、隐喻及我们生活中其他各要素无疑是相互交叉和相互作用的。我们感受的一些形象似乎是对我们已感知事物的"模仿",但是,我们可以改变、联合和操纵它们,使之变成我们从未感知过的事物。我们的记忆似乎能够转变感知,并以不一定或可能总是需要准图片式"形象"的方式(比如,声音和气味)储存它们"模仿的结果"。新颖的观念几乎总是与想象能力联合起来,以"发现"问题的解决方法。我们的情绪似乎被这些精神形象所束缚;当我们想象一些似乎是真实存在的事情时,这就使得我们的"编码"和"形象"的获取跟自己的情绪相符合。与我们能够阐明的理性计划相比,想象的逻辑似乎更容易与隐喻的逻辑相一致。

想象这些复杂的含义表明其在教育中具有怎样的作用?

想 象 与 教 育

考虑到我们已经接受了想象的这些一般意义,我们不能回避这样一个事实,即想象几乎不具有我们思想的细微特征。但是如果它是如此重要,那么它为什么没有在教育理论和研究中更加突出?其令人担忧的历史首先使之成为一种可疑的、不值得信任的能力,其次,表明它以某种方式与在传统意义上被视为教育的主要目标的理性相互冲突。第三,当然是其概念的复杂性。正如 Herder 在 18 世纪所指出的,"在人类思想的所有能力中,想象是最少被探讨的,可能由于它最难探讨。想象看上去不仅是所有更精细的智力的基本的联系环节,而且是将身心联为一体的真实纽带"(cited in McFarland,1985,p. xiii)。

开展想象研究的困难在于,从对一系列逻辑技能和理性能力的研究中得出的结论可应用于教育,但是在想象研究中却没有对应的结论。因此,承认想象的重要性,开发促进学生想象力发展的方法,已在很大程度上有赖于个体教师和家长的主动性。

第四,可能很公平地说,确定课程与学校社会职责的专家总是含糊不清地应付着想象。我的意思并不是说,这样一种运用想象的方式暗示着一种阴谋。更确切地说，专家总体上承认，想象的自由运用不容易与秩序、约定俗成的观念和制度、简明的课程计划等等相适应，因此，并不主张在这些事物中培养想象。这就如同对待一位有点古怪并随时可能胡作非为的富有的来访亲戚。即使如此，Mary Warnock（1976）在考察想象在我们思想中的作用时得出结论，并宣称"培养想象……应该成为教育的主要目的"（p. 9）。

当然，这不是一种普遍的观点。通过制作一种想象在学校中潜在用途的目录，让我们尝试考虑一下，为什么有人会得出结论，培养想象力应该成为教育的中心内容。这应有助于确立我们在教育中为何应更认真地对待想象的理由。快速重复了前面数个世纪的主要思想，我将从容总结出想象在学习中发挥的一些作用：反对传统的、老套的思想；与记忆和熟记之间的关系；发展诸如宽容等社会美德；支持和遵循"客观"知识的观念；与我们情绪发展的联系。

想象与习俗性思维

当我们审视典型的教育实践时，我们有理由假设，教育的主要目的是保证学生积累与他们有可能过的生活相适应的知识、技能和态度。但是当我们审视最伟大的教育思想者的著作时，我们发现他们主要关心的事情与此完全不同。比如，假如我们仔细考虑柏拉图、卢梭和杜威的思想，很显然，知识和技能的掌握几乎是学校专有的任务，而它们仅仅是他们所关心的事物中的一小部分。在他们看来，成为一个受过教育的人的关键是不被人们通常在成长中接受的传统观念和信仰所限制。他们热切声称，教育是我们在学校中一向照顾最少的事物。它们显然与灌输知识相关，但是他们所关心的事物是由更重要的问题所决定的，诸如一个人如何能够使学生成为一个自主的思考者，使他们能够从本质上认清传统观念。如果用一种具有强烈倾向性的语言来表达，即教育是一个唤醒个体的思想、允许他们想象那些不存在的或未曾存在过的状况的过程。

这些伟大的教育学者提出的致力于把孩子抚养成为受过教育的成年人的计划各不相同。Plato 提出了严格编制的跨越 50 年的课程，确保把最优秀学生的思想从颂赞与荣耀（doxa）或传统观念的束缚中解放出来。Rousseau 主张锻炼学生的各种感觉器官，并反对他们在 12 岁之前读书和学习，其目的在于避免盲目服从传统偏见和知识权威。Dewey 提倡应设计那些有助于学生形成一种科学的、探究的和质疑的态度的教学方法。

人们都承认,学校的职责之一就是帮助儿童社会化,使他们理解、熟悉和尊重他们将融入其中的社会的传统观念和信仰。倘若缺乏这样一种基础,想象仅仅是一种狂热,对于个体或社会不可能是富有成效的。这是一个普遍的观念:"我们希望儿童不仅是富有想象力的,而且在一定意义上能够遵从习俗学习和参与一些我们共同的思想过程和生活方式。"(Hanson, 1988,p. 137)

通常用来表示超越传统社会化的教育的比喻包括:"唤醒"、"解放"和"释放"。大部分由某个时代和身份的传统观念所组成的精神生活,被认为处于沉睡或奴役之中(当然,处于沉睡和奴役之中的受害者没有意识到他们的状况)。Plato 提出,要唤醒灵魂或释放囚犯,那些囚犯所经验的只是真实世界的投影。这样的语言在教育中不断再现,以抓住教育主要关注的经验维度:"能够想象就是能够摒除传统的外表。"(Sutton-Smith, 1988, pp. 10 - 11)不是"必须自由"或"总是摒弃所有的习俗",而是"能够自由"。更确切地说,教育是促进我们、授权给我们的过程,而非被传统外表、观念、信仰和实践所支配的过程。教育提供了一种精神状态,在其中我们能够觉察到它们的用处,并把它们作为社会生活运行的条件加以接受,但同时我们也能看到它们的局限性和主观性,能够想象改变它们应该是我们理应做的。

当然,这意味着在教育中存在着一种永恒的张力,一方面是向学生传授他们将以之为生的习俗知识,另一方面是培养学生能够从这些习俗中获得某种精神自由的能力,与其使习俗成为工具不如使之成为约束。这种张力在伟大教育思想家的著作中是很显著的,但不幸的是,它在许多学校中体现不明显。前者,即工作、使学生社会化或适应现行的习俗,似乎占主导地位。这条评论并不打算低估恰当地完成这项工作的难度。人们倾向于越来越少地培养免除这些习俗的力量,其原因有很多:这是很难的;我们没有获得这些习俗的清楚的课程方针;它与耗费如此多精力的事物相冲突;当然,学校中追求秩序和各种严格控制的官僚主义需求施加了微妙而有力的压力来对抗它。

学习中的想象

从书写的发明开始,我们已经开发出诸多贮存信息的精细的方法。无论是在蜡块上,在羊皮纸上,在书中,还是在计算机中,这些储存和记忆系统的一个特征是,你放进什么你就会得到什么。人类学习在有意义的方式上不同于这种贮存和重获的过程。但不幸的是，我们的技术影响了我们思考自我的方式。当然，如果你学习一个事实——比如，海面上的水在100摄氏度时沸腾——接着在以后重复这个事实，你所做的看上去类似于这样一件事情，即事实用符号记录在某处，接着又被检索到。它是这样发生的，在这个事例中，储存装置就是你的大脑，检索装置就是你的记忆力。

如果我们允许我们的技术测定我们如何看待我们的智力过程，那么我认为，会产生一种对教育普遍的极不利的影响，便是把学习看作一种类似于在大脑中记录符号等待日后检索的过程。我们注意的第一件事情是，人的大脑在这种记录和超时忠实保存信息方面看上去真的很低效，一张纸或一台电脑光盘要可信得多。在这种技术—模拟的意义上学习是可以测量的，即当记录在后续测试中被检索时它们是如何被忠实地维持的。这种测试一直在学校里应用着，其结果是其很容易成为学习的证据。这在学校里持续了极长的时间并且无所不在，以至最普遍的学习的意义就是这种机械的储存和检索。

这存在什么问题吗？有很多问题。在最通常的意义上，它忽略了人类学习中独特的地方。尤其是，它导致人们忽略了，人类大脑与计算机在"学习"的方式上完全不同，我们的记忆与计算机"记忆"完全不同。

人类思维在学习时不是简单地分离地储存各种事实。它大概可以完成这些，我们经常会在缺少一张纸时使用这种能力去记住一个电话号码或一张购物清单。更加典型的是，当我们学习最简单的事实时——Vasco da Gama从里斯本航行出发，于1497年到达非洲，于次年到达印度，或者蜘蛛有8条腿——我们不是简单地把这些互不关联的信息储存在大脑中。当我们学习研究这些信息时，它们与构成我们精神世界的变换的情绪、记忆、动机等集合体混为一体。学习蜘蛛的事实与我们对昆虫的总体看法和对蜘蛛的特定看法相关，会获得一种感情色彩。Vasco da Gama的航海会在我们头脑中引发轮船从异国海岸出发的图像，并唤起一种探险的感受。我们是否以及如何学习和保持这些特定的事实，是由我们已经具有的意义结构群影响的，这种意义结构群则是依次由我们的情感、动机等所决定的。

人类的记忆不是一个为每个知识点留有位置和架子的有序的地方，在那里如果人们不需要，就一动不动。它更多的是一种由我们内部的情绪和动机引起的混乱。实际上，事物是不会以其最初习得的相同形式从人类记

13 忆中浮现的。各种各样的联结围绕着每个新的事实；有着无尽的混合和联结；联结产生、中断、又重新产生。这个活动中没有任何一部分牵涉到想象。

逐渐明晰的是，人类学习不是指对大脑以外的事物的简单反映，在决定性意义上是指建构或创作(Bruner，1986)。每个人的思想是不同的，并且有着一种不同的世界观。在学习过程中，学生必须将他们所学的知识与他或她已有的独特的复杂性意义结构相适应。这需要对意义进行重构、创作和重估。Warnock(1976)指出了想象的基本活动之一便是这种对意义的估价。

因此，认真看待想象，然后根据我们提出想象这一概念的原则来考虑学习，我们主要集中在强调意义学习的那些方面。意义不存在于事实本身、技能或我们所学的任何事物之中，而是存在于所学内容与我们思想的互动之中。我们的思想不是简单的事实存放处，而是持续不断的活动中心，在其中，情绪、动机和记忆与新学知识相互混合，并赋予其意义。

这看上去与学习的随意的定义糟糕地混同在一起，以至当今教育中常见的最简单的定义似乎更合适。比如，如果没有情绪、动机、意义结构(无论它们是什么)和想象的参与，我们就不能教授"一只蜘蛛有8条腿"的知识，那么我们宁愿认输。我认为这个问题不太糟糕，我们不必为了谈论学习而设法篡改所有这些心理因素。在一定程度上，我们必须记住人类学习与贮存信息是完全不同的——记住这个是完全不困难的。我认为，困难的是认真理解其含义。这就是认真看待想象开始对当前教育场景中一些熟悉的确定的原理造成严重破坏的地方。

想象与记忆

在西方文化中，从亚里士多德的著作开始，在记忆与想象之间就存在着一种牢固的联系。这种联系不仅是一种历史的珍品，它对于当今教育而言依旧是极其重要的。从进步主义理论思想中衍生出来的趋势认为，以上讨论的死记硬背的学习(rote learning)或传统意义上的学习在教育学上是没有

14 价值的。把学生看作接受无意义的知识的储存器是毫无意义的，这一不太完全的认识往往不被批判地扩大应用到反对任何类型的记忆中。在人们关于记忆与想象之间关系的一致评论的明确含义之一是，记忆知识、事实、大量的散文和诗歌、公式等等，对于想象力的激发和培养是极其重要的。总而言之，无知会使想象力变得贫乏。我们对所应知道的如何评价的知识很无知，就不会具有想象力，或者我们对已学的如何获取知识的途径很无知，就

不会具有想象力。只有我们记忆中有知识才容易产生想象行为。

这条原则似乎会与前部分的内容相互冲突。在那里,我似乎主张如果学生学习了很多的知识和技能,想象力的发展就会受到抑制。在这里,我主张需要记忆许多知识和技能才能充分激发想象力。当我们预先理解了有待记忆的知识和技能的意义时,这两条原则就是一致的。要确保知识和技能是有意义的,就需要让想象参与到学习过程中。我们如何才能开始保证这种想象式学习的开展,这不是第一章有限的文字可以论述明白的(见 Egan,1997)。然而,这里最重要的是明确,如果学生不学习和记忆多种知识,他们的想象力将无法得以发展。

社会美德

我想在由发展想象后获得的教育价值的清单中增加诸如宽容、公平等社会美德。当然,如果说世界的罪恶仅仅是由想象力的缺乏所导致,可能太过分了,但是在一定程度上确实如此。想象的能力使我们能够理解其他人是独特的、不同的和自主的,他们有着与我们同样真实和重要的生活、希望、忧虑,倘若缺乏这种想象能力显然是充满邪恶的。虽然想象能力的发展不会保证我们像自己期望别人对待我们那样对待他们,但是它是友好对待他人的一个必要前提。

但是在想象和社会美德之间要建立更加特殊的关系。MacIntyre(1981)认为,理解故事的能力与弄清人类经验的意义之间有关联,因为我们的生活只有在叙事中才是可理解的,其遵循的原则是"人不仅处在行动和实践中,而且处在虚构中,本质上是一个讲故事的动物"(p. 201)。它不只是一种娱乐方式,而且包含着我们如何理解自我以及如何像社会动物那样行动的意味:

> 除了通过大量构成其最初戏剧资源的故事以外,我们对于任何社会, *15*
> 包括自我没法理解。在最初的意义上,神话是事物的中心。Vico 是正
> 义的,Joyce 也是正义的。从英雄故事到中世纪继承人,据此,讲述故事
> 成为培养我们美德的关键性部分。当然,道德传统也是如此体现的。
> (McIntyre,1981,p. 201)

故事有助于"培养我们的美德",因为故事不仅传达信息、描述事件和行为,而且饱含感情。自柏拉图始,故事具有吸引听者并让听者沉浸其中的力

量,这已很明确。正是那种力量使他们得到警醒,尤其在教育年轻人方面。世界上伟大的故事不仅仅描述了许多人类品质,而且它们以某种方式使我们也具有了那些品质。它们讲述给我们听,吸引我们去感同身受,使那些品质转化为我们的一部分。通过这种方式,故事就成为我们拥有的向他人展示我们所经历的事情是怎样的、或者向我们揭示别人经历的事情又是怎样的工具。简而言之,故事就是"能够交换经验"(Benjamin, 1969, p. 83)。这种故事仅仅成为我们的一部分;正如 Robert Coles(1989)引述他的一个学生的话所说的:"在一个故事里——哦,就如在《圣经》中,语言变得有血有肉了。"(p. 128)

通过富有想象力地感受别人经历的事情是怎样的,一个人就开始形成对待别人要像对待自己那样怀有同样的尊重的先决条件。在宗教、阶级或种族中我们常见的偏见,在某种程度上应被看作是想象力发展的失败。

故事的力量可以吸引想象力,从而促进宽容,当然,一种公平感需要与促成相反品质的力量平衡。比如,如果这是一个有关雅利安人种的优越性和纳粹拯救灵魂的故事,那么它同样能激发想象力,并且引起一种与宽容和社会公平完全相反的德性。

如何克服这种弊端呢? 对于我来说,有两条措施。较为普通的措施是由柏拉图及许多人所建议的,即我们要谨慎地给儿童选择合适的故事。更重要的措施来自于通过大量的故事激发想象,这在前文已提及。纳粹这类故事不易激发想象,至少部分就是由于头脑不熟悉构成这种文化资源的故事所导致的结果。对故事的熟悉及由此带来的经验的价值在于使一个人可以理解故事的虚构性。纳粹故事只会让那些不懂得小说及其作用的人们信服在我们的小说和现实之间进行大量的区分并不是一件容易的事情。我们在多大程度上熟悉自己文化中各种故事,也就能在多大程度上防止自己混淆小说和现实。

文学通常被纳入作为课程的一部分,我们以此了解了我们文化中一些伟大的故事。文学教育价值研究理论一般也认为,文学能促进社会品德的发展。Northrop Frye 无疑令人信服地论证了这一观点。Frye 在说明了文学激发和培养想象力的几种途径后,得出结论说:

> (想象)最显著的效用之一就是对宽容的促进。在想象中,我们自己的信仰也只是可能性事件,但是我们在别人的信仰中也能看到这种

可能性……产生宽容的事物是想象中超脱的力量，在那里，事物在超出信仰和行动之处被去除了。(p. 32)

文学无疑具有这样一种促进某些社会美德发展的作用。我认为，我们倾向于忘掉，在科学、数学、历史等中表达的思想都潜藏在我们文化的伟大故事中。如果教学方式富于想象力，数学和科学可以建构一种叙事，这种叙事提供了一种背景，其中，学生的生活和自我同世界上其他物体一样成为有待理解的客体。我们开展科学叙事也为形成这种可培养宽容和公平品质的"想象中的超脱"起了相当大的作用。

想象和客观知识

一般认为，想象与我们试图获取客观知识所需要的心理行为有所区别。然而，我们已继承的丰富的想象力似乎会引导我们获得与事实完全相反的结论。因此，在更恰当的意义上，想象应被视为我们追求客观知识的主要工具之一，对客观性条件的真正确立。

对上述未被人们认同的观点作出解释的方法是通过 Ruth Mock(1971) 提出的观点得以阐明的：

> 在艺术和科学中，创造性想象要求，一个人应使自己从当下的让其全神贯注的事物中解放出来，将自我与他所使用的工具联系起来——画家或雕刻家的颜料、木头或石头，作家的语言，音乐家的声音，或者科学家的事实——以便用它创造出一种在某种程度上他自己都难以料想的新的形式。(p. 21)

这里我最重要的观点是，想象能够在某种程度上栖居在它融入其中的外在客体中。比如，我们会把自己看作雕刻石头的截然不同的人。但是，有经验的雕刻匠具有一种受过良好训练的想象力，他能将精神延伸到加工的材料中，知道在这里而不是在那里打碎会是怎样的，知道这里一锤将如何切掉下面的东西，等等。换句话说，富有想象力的雕刻家——或数学家或历史家——在一种难以解释的意义上与他或她工作所用的材料融为一体。个体在很高程度上感受到一种 Michael Polanyi(1967) 曾描述为"缄默知识"的一部分的事物——我们通过我们使用的工具和物体来感受；它们成为我们感官的延伸，其本身也成为我们想象的一部分。比如，不仅是石头成为我们的一种延伸，同时我们也成为石头的一种延伸；我们的思想合乎它们试图并入的物体的天性，无论那些物体是石头和颜料、数学符号、历史事件，还是天体物理学现象。世界不是那些外在的物体；它在我们能够认知的世界的范围内，依靠奇妙的交互安排的方式存在于我们内部，同时，我们也将自我富有想象力地延伸在它身上。

这是相当不切实际的语言。当然，这之所以如此是因为我们不能清晰地描述我们思想中最简单的功能，并且只能用上述那些模糊的术语来表示或指代更为复杂的功能，希望其他人将找到足够他们凭经验就能识别其内涵的指示或标示。

任何领域的知识、技能或实践本身都需要某种客观的形式；每个领域都有其独特的规则、结构、形式和性质，所以在某种有意义的程度上，我们做出解释以使我们的思想符合它们。在知识、技能和实践的各个领域，这些必要条件是不同的，对于它们而言，全部需要想象。客观性期望想象力栖居在个体使用的材料、知识、技能或实践形式之中。

我认为，我们通常在客观性与无偏见或做一个公正的法官之间建立联系，想象和客观性之间的联系获得前者的大力支持。我们珍视那种能够无偏见地客观地裁判具有诸多冲突利益事件的人。这样的客观性催生了想象能力，使人们超出个体自身利益的有限视角来看待世界。这是基本的，不只是与前面提到的社会美德有关。对于充分理解任何领域的知识而言，这是一个必要的成分。因此，发展那些支持客观性的想象力对于教育来说非常重要。

想象和情绪

情绪发展对于教育的重要性无疑是显而易见的，甚至在教育著作中出现的想象这种相当严格意义上，情绪与想象之间的关系是更加明显，无论人们是怎样的能力杰出或博学多识，如果他们的情绪不成熟，我们就会认为他们没有接受适当的教育。情绪不成熟是对个体生活的各个方面的一种损害。认为情绪不成熟不会阻碍理性的发展，是可以接受的。在 20 世纪，这种对于教育具有如此破坏性"干瘪的"理性的意义已相当普遍，这种"干瘪的"理性的含义已经成为大多数学校教育活动的中心，理性和情绪在我们思想中相互分离的信念给予我们的情绪生活诸多影响。严肃地看待想象，使人们开始对学校教育中情绪的缺席（the sidelining of emotions）所依据的假设提出质疑。

教育话语似乎假定，我们拥有一个智力部分、一个情绪部分，或者一个认知部分和情感部分，这些在理智上是可以分开的。学校教育主要是负责培养学生的认知或智力部分，这至少在现实操作中已成为事实。当然，一个人可以试着忽视数学的情感维度，把人类经验的那个领域当作一套有待学习的纯粹的认知程序。这样做实现的目标充其量就是，使数学有几分实用价值，这毁坏了其对于我们生活所具有的其他潜在的价值。作为一种人类活动，数学使诸多人心醉的巨大的惊奇和乐趣在学校教育中被大量破坏了，那些"擅长数学"的人也不例外，在那里，数学是以标准的无味的方式教授的。一些幸运的人可以在他们成年时发现数学的乐趣，但是对于大多数人来说，数学只有在换零钱或记账的时候才有用。

被称为学校数学的"荒原"大概是尝试把作为理性的、认知的、智力的事物与想象和情感区别开的最明显的牺牲品。由于这是建立在关于人类学习的错误假设之上，其结果是一场灾难。我们面临的任务不仅仅是指出，只有当学生与投入其中的激情取得联系时，数学才是一种充满激情的能够吸引人和富有意义的事件。问题是教育话语的语言充满了有待根除和质疑的假设，以致人们难以理解数学与其目前的状态是如何不同的。对于大多数人来说，数学就是教科书中的内容。我们如何才能将想象和情感重新注入这样一种数学形成了一种空白区域（blank），因为教科书假设想象和情感在很大程度上与数学无关。尽管设计教科书中数学知识的那些人们具有朴素的热情和充满想象力的天才，但是有关教科书的假设始终不变。 *19*

我已经指出，将情感和智力分离在教育意义上是不正常的（dysfunctional）。我们需要重新体会 Wordsworth 把想象定义为"处于最有效状态下的理性"。（1805/1991，14，192），领会 Frye 关于"情感和智力的联合就是我们所谓的想象"这一思想的影响力。在教育中认真对待想象指引我们超越智力与情感的分离，感知两者在所有知识领域和各个教育方面合为一体。我们的情感生活与想象关联着，我们的想象与我们的智力相关联。因此，想象性学习必然牵涉我们的情感。想象对于教育而言是重要的，因为它使我们必须认识到剥离了情感的教学形式在教育上是无用的。

这并不意味着未来典型的课堂将是整日充满着眼泪、哭叫和狂欢。我认为，无论将要论述怎样的内容，都需要在某些方面与学生的情感联系起来,或者从一开始生产知识的人类情感,或者以任何方式与之相关的事物,需要成为课堂上所论述内容的一部分(我在其他地方已试着说明,这在常规上可以如何实现。比如,见 Egan,1997)。

结　　论

我在试图概括出想象力对于教育很重要的原因时,已经列出了广泛的特征。大概你们中有些人会感到我列举得太多,结果是想象的含义涉及教育重要性的方方面面。这样一种理解没有误解我的意图,但我想主张这种意义不会包含太多内容。的确,我认为想象应该恰当地渗透到教育中。如果我们仅仅把想象看作一件事情,看作思想中一种特殊的、截然不同的部分,这种观点难以接受。相反,如果我们把它看作一种能激发所有心理功能的特定的灵活性、活力和生动性,看作一种思想的情绪,那么,它在我上面提到的这个话题中的作用就变得更加容易理解。那么,要富于想象力就不是具有一种高度发达的特定功能,而是使所有心理功能具有更强的能力。它不是与理性相区别的事物,而是给予理性灵活性、活力和生动性的事物。它使所有的精神生活更加有意义;它使生活更加丰富。Dewey(1966)是这样表达想象的宽泛的定义的:"想象是与肌肉运动差不多的、构成正常的人类活动的必需的一部分。"(p. 237)

对于当前富有浪漫主义和浪漫色彩的想象的丰富的概念集合,我们应做一个最后的简短的评注。重要的浪漫主义图像之一是将英雄旅程视作我们生活的一则寓言。让这副图像为一种比当今普通教育更加充满想象力的教育的含义增色,大概是有用处的。因此,准确地说,教育的过程被看作一种充满着惊奇、神秘、危险和障碍的英雄旅程。当今的学校教育不会轻易地唤起这样一种图像,作为英雄旅程的教育给我们指明一种方向,我们可以照此尝试改革学校。那些愿意使学校教育面向学生时更像一种充满想象力和英雄旅程的人,要鼓起勇气将他们自己现在的奋斗也看作一种英雄旅程,摆脱贬低的教育语言的纠缠,克服正统学校教育固着于狭隘的一致性和效用的障碍,向追求更好事物的方向努力。

第二章　现代教育思想背景下的想象

Keiichi Takaya

在这章中，我认为，一个人想象力①的发展必须成为教育至关重要的部分。当然，这种观点建立在一种特定的想象观和教育观的基础之上。我的意见是，虽然想象的发展在逻辑上必须成为达到我们从现代教育观中继承的教育目标的必要部分，但这种关联仅仅被一些教育理论家在教育原则上阐明或认识到，却不存在于当今的实践中。在我看来，主要原因之一是概念混乱，因此，我尝试着对此进行解释。当然我并不打算说西方教育思想的遗产应该全盘接受，或者它必定优于其他传统，但是我认为，它的一些核心价值值得肯定，想象的发展构成这个课题极其重要的部分。

尽管想象的发展不是动机和控制的一种直接功能（不是一种简单的教学投入、个人努力或信息数量的产品），它也不是完全在我们控制之外的（不仅仅是一件神授天赋、天才或展示自然天性的事情）。为了让想象的发展理所当然地成为一项教育的重要事业，必须说明，第一，想象是教育价值中可尊敬的和必需的一部分，第二，教学过程和教学活动有可能影响其发展。对于两种主张的答复是肯定的。首先，我认为，像这样通过定义宽泛的、深刻的、理性的理解教育价值需要想象能力。其次，一个人缺乏知识或技能是无法变得有想象力的，想象力是通过包括教学过程的经验获得的。

在 17 世纪前，想象的思想开始在一般的哲学和文学理论中突出起来，尤其是 John Locke 引起了哲学家们的思考和写作（比如，Gottfried Wilhelm Leibniz，Étienne Bonnot de Condillac 和 David Hume）。经过德国理想主义的影响（比如，Johannes N. Tetens，Immanuel Kant 和 Friedrich Schiller），它成为浪漫主义的一种核心价值和主要的认识论概念（比如，Williamn Wordsworth 和 Samuel T. Coleridge）。尽管经验主义吸引了大部分追随者，但是那些在思想和实践上对我们当今教育形成有极大影响的教育理论家从浪漫主义和理想主义中获得了强大的理论根基（比如，Johann H. Pestalozzi，Johann F. Herbart，Friedrich W. Froebel）。然而，甚至在具有浪漫主义、理想主义的根基的思想变得有影响的时候，人们并不认为典型的

① 我将互换地使用"想象"（imagination）、"想象力丰富"（imaginativeness）、"想象能力"（imaginative capacity）。

浪漫主义思想与想象是有关的。甚至在深受浪漫主义观点影响的思想家们看来,在最坏的情况下,它是理性发展的障碍和矛盾(比如,它增强了不必要的和不现实的愿望),它充其量是诱人的,而非必不可少的(比如,娱乐、帮助记忆、有用的修辞手法)。直到 20 世纪,实用主义者把想象看做理性的部分,一些心理学家开始超越还原论心理学(提出经典的经验主义、行为主义和 Herbart 的心理学)。比如,Vygotsky 对更高级的心理功能感兴趣,开始把想象定位为主要的教育价值之一。

想象与受教育之间的联系

首先,这部分的目的是介绍我的基本论点,一个受教育的人至少在一定程度上应该是一个充满想象力的人。其次,还要说明尽管关于想象的内涵存在着不同的观点,但是现代西方文化无疑喜欢某些类型的想象。

Richard Kearney(1994)主张,在谈论想象时,我们应该避免极端的唯实论和极端的唯名论(p. 16)。前者的意思是说,想象的内涵具有一种明确的核心或永恒的本质。这种立场在历史上通常被称为想象的**官能概念**(faculty conception)。以之为基础的哲学假设在过去大约 100 年的时间内不断受到质疑。后者的意思是说,想象就是我们愿意称其为想象的任何事物,它导致了一种相对主义的极端形式。从一种极端的唯名论的角度来看,尽管不同的作者已提到了想象(或相对应的词语①),并且不同的定义、意义、含义和情感色调被赋予这个概念,但是想象的概念不是完全随意的。人们对于它的含义及其为何重要在一定程度上达成一致,我认为,大部分共同的意义和含义与我们今天认为有待追求的教育价值是紧密相联的。

23

定 义 想 象

根据 Kieran Egan(1992a)的思想,我将想象定义为一种思想的灵活性

---

① 比如,Rugg(1963)提到 Galieo 的"自然光",Gauss 的"闪电一掠而过",Goethe 的"守护神的声音",Whitehead 的"理解"和一般词语"啊哈!"(p. x)。还有,Engell(1981/1999)考察了从拉丁语 "imaginatio",希腊语"phantasma"和 Leibniz 的"la puissance active"和"vis active",到德语的 "Einbildungskraft"和"Dichtkraft"等词语的用法。

(p. 36)。所谓灵活性,我认为是一个人具有用一种不被诸如传统、文化标准、习惯性思维和别人传递的信息等事实紧紧限制的方式进行思考的能力和倾向。在给想象下定义中,我吸收了两个理论家的思想(Kieran Egan 和 Robin Barrow),但我也要强调,虽然我从他们两个中借用了特定的词语和表达,但是其思想本身也得到当今想象理论家的广泛支持(在一定程度上也被历史上的思想家所认同)。

首先,我想把想象与两个相似的词语区分开来:**创造力**和**批判性思考**。从本质上看,我认为区别是语境的问题。创造力是指在生产物体和产生观念的背景中的想象力,比如,审美创造和问题解决(cf. Egan Nadaner, 1988, p. xi);批判性思考是指在了解或理解的背景中的想象,比如,社会和道德理解,文学批判。然而,这些区别不是严格的。

Kieran Egan 和"思想的灵活性"

Kieran Egan(1992)声称,"想象不是一种发展良好、截然不同的思想功能,而是一种能够激活所有心理功能的特殊的灵活性"(p. 36)。① 通过采纳 Egan 定义想象的方式,首先,我想指出想象为何吸引了一些教育理论家的注意的原因,其次,我想去除历史上曾经强加给想象这个概念的一些误导性的哲学假设和语言。

首先,想象这个观念最吸引人之一是强调了人类认知(学习、思考等)的与众不同的特性,Egan 可能是这个方面最强有力的支持者。想象这一观念一般象征着自由的人类思想,它象征着思想的活跃性,相反的观点是把思想看作消极的呆板的,比如,启蒙运动中的经验主义者和感觉主义者(e. g., Locke, Condillac, and Helvetius),人类思想的行为主义观(一种把人类的心理功能还原为刺激和反应之间的联结的观点),行为主义原则的实践性应用(i. e.,过于强调机械记忆,把人类思想看作类似于软盘的东西)。

当代的重要信仰之一是人类的可教育性和可完善性的思想。通过回顾

---

① 此外,White(1990)写道,"一个想象力丰富的人是有能力利用细节的丰富性来考虑多种可能的事情的人"(p. 185)。Egan 在其想象的定义中借用了许多 White 的思想。想象的类似的一些定义,参见如下,Dewey,1933, p. 273(富有想象力的对立面是"习惯的狭隘影响");Frye, 1963, p. 22;Warnock, 1976, p. 195;Hanson in Egan and Nadaner, 1988, p. 138;Singer and Singer, 1990, pp. 268 - 269;Johnson, 1993, p. 109;McCleary, 1993, pp. 50,134;Bailin, 1994, p. 109;Greene, 1995, p. 19;Garrison, 1997, p. 77.

洛克的"白板论"或爱尔维修的"教育万能论",现代教育理论家尝试指出,从特定团体或班级中独立出来的个体,可以通过教育掌握他们作为人在生活中必需的知识,这些个体可以成为对建设一个由特定的社会或文化传统产生的没有偏见的新社会起作用的人。然而,硬币的另一面是作为消极的人类思想的概念,过于强调环境对人的可控性。作为对这个观点的回应,特别是浪漫主义运动中,人类思想的一种新概念诞生了。想象的概念是最典型的概念。在这段时期,正如 Abrams(1953)所提出的,人类思想的隐喻从"镜子"转变成"灯",更确切地说,就是从只是接受和反映外面事物的客体转变为既投射又接受的有机体。或者,正如 McFarland(1985)所言,由宗教和神学衰退(启蒙运动反对专制的权威的一部分)导致的必然结果,人性中作为神的要素的灵魂的观念快速地失去其解释力(i. e. 创造性能力),想象的概念采用了创造性能力的认识论的解释。在教育理论中,人类思想观念的这种转变表明它注重儿童的好奇心和兴趣、他们独特的学习模式,相信仅仅展示客体是不足以确保教育结果的。

但是,很长一段时间,尽管想象的概念在一般的哲学和文学理论中受到了关注,但被认为是与教育中的新观点无关的。在整个 19 世纪,当许多有影响的教育观点被提出时,教育思想者继续把想象看作一种操纵图像的能力,或看作根据身体感觉和意愿进行推理的障碍。①

其次,有一些误导性语言有待消除,Egan 的定义就是这样做的结果。它们是想象的"官能"概念(faculty conception),完全是想象与形象之间的专门联系,混淆了想象与假想。

官能概念

传统上,想象被认为是一种思想的"官能"(或"力量"),它通过联合和分离"观念"和"想法"来产生图像。然而,由于 20 世纪的哲学和心理学,官能概念以及与之相适应的语言除了作为一种形而上学的解释,现在不再使用了。

官能概念的意思是,有可能确定一种特殊的发展想象力的途径,如同(per se just)存在一种发展特定肌肉的方法。因为官能或力量这类术语意味着有一些我们能够影响的具体的东西(思想或头脑中一些特定的部分)。然

---

① 这种想象观来自 17 世纪的夸美纽斯(cf. Keatinge, 1901, pp. 6,135),直到 19 世纪的赫尔巴特时代,才有所变化。在主要的教育哲学家中,卢梭可能是一个有待研究的有趣的例子。比如,尽管他重视道德中想象的重要性(e. g. , Emile, book 4, pp. 221,223),但是他反对激发一个儿童的想象力(e. g. , Emile, book 2, pp. 80 - 1)。

而,想象能力似乎与之不同。

想象(Imagination)、猜想(Imagining)和图像(Imaging)

人们常说,存在着两种类型的想象:再现性的和生产性的(创造性的)。前者是分离和联合不同的图像或感觉材料、以便使整体获得意义的一种能力。其根本的假设是,这些材料以原子要素的形式从感觉转化为思想(如,洛克的"简单观念")。生产性想象运演了同样的过程,但它创造了现实中不存在的或以前未被考虑的新图像。这种分类经历了至少有数个世纪。它们以之为基础的一些哲学假说,尤其是 20 世纪的哲学和心理学(比如,现象学和分析哲学),遭到质疑,现在大部分已弃之不用。

比如,在感知与思想之间进行严格的区分的认识论假设,构成许多现代哲学家想象理论的基础,在今天不被接受。Arnheim(1969)主张,"被称为思考的认知操作不是超越感知的心理过程的一种特权,而是感知的基本要素自身"(p. 13)。他举出如下例子:

> 一个被花盆不完全覆盖的盒子,被看作一个部分隐藏的完整的立
> 方体。这意味着感觉器官不会将自己局限在直接给予的材料中,而是
> 获得看不见的扩展部分,将之作为可视部分的真正内容。(p. 34)

一些古老的认识论语言不再从表面上理解,它们或者被用以作为对我们思考过程的形而上学的解释,或者作为描述分析性区别的词语(本体性区别的反义词)。

想象和图像之间的联系看上去不如以前所设想的那么紧密。20 世纪早期的教育理论家和一些心理学倾向的理论家(比如,McMillan, Kirkpatrick)往往不是大量地把想象与图像(形象)混为一谈,就是集中把图像(形象)作为想象最重要的方面。然而,更现代的思想家(比如,Warnock, White, Egan, Greene),尤其是那些熟悉分析哲学的人们,非常清楚这种区别,并趋向给想象赋予不同的意义。比如,White(1990)写道,"一个水手奋勇上岸的形象可以与他的双胞胎兄弟缓慢驶回大海的形象完全一样,然而想象其中的一幅图景与想象另一幅图景是完全不同的"(p. 92)。因此,他说,"想象不是必然包含形象的,因为大多数想象不具有感官的内容"(p. 88)。对于我们而言,最好不要专门把想象与图像或形象联系起来。恰如 Egan vis-à-vis White 所建议的,富于想象力意味着不仅能够具有生动各异的心理图像,一

26

个想象丰富的人是一个能够利用极大灵活度进行思考、感觉和理解的人。①

富有想象力的和虚构的

在当今想象的教育理论家中,似乎存在着对这种值得追求的想象力的特定偏爱。比如,我们所欣赏的想象类型,作为一种希望实行的方式,与纯粹的梦想或幻想是不同的。在一定程度上,人们讨论想象,是将它作为一种更加准确地了解实际世界的手段,或一种批判实际社会的必要部分(比如,Warnock,Egan,Greene,McCleary,Johnson)。

Robin Barrow 和"不寻常而有效"的标准

我引用的第二位理论家是 Robin Barrow(1988,1990)。Barrow(1988)把想象定义如下:"我认为,想象的标准是不寻常性和有效性。想象力丰富就是具有在特定背景中有意识地想象不寻常的和有效的事物的倾向和能力。"(p. 84)②

接受 Barrow 的观点,我想首先根除一个假设,即存在一种可在跨领域间使用的叫做想象的一般能力;第二,我要强调想象力丰富的标准包括意识、意向或愿望;第三,我认为,我们的文化对不同的想象概念有特定的偏好。第三种观点意味着,想象的价值与其他教育价值有关:想象自身是没有价值的。

人们难以确认有一种称之为想象的非特定的、一般的能力的观点。除了当我们强调想象力的态度方面时(参见下面内容),人们认为,很难有一些总是充满想象力的人,这之所以如此,是因为所有形式的思想包括想象(又如,"批判性思考")需要思想内容,内容通常意味着在很大程度上仅限于研究或活动领域的知识和技能。

27　　根据 Barrow 的思想,充满想象力的观点和行动不只是一种怪异的言行。它们依照各自领域的标准也必须是优秀的和有效的。(当然,在有一些情况下,我们嘲讽地称一些人"充满想象力"。)一个充满想象力的足球运动员,一个充满想象力的画家和一个充满想象力的教师之所以这样称呼他们,是因为他们与众不同,而并非名副其实。一个在某一活动领域充满想象的人在不同活动领域可能有也可能没有丰富的想象力(一个充满想象力的画

---

① Egan 1992, 30; White, 1990, pp. 184 - 185.

② Barrow 的想象观非常强调思想的产品而非过程。同样强调的,可参见,Bailin(1994)。

家可能是、也可能不是一个充满想象力的艺术教师)。

当我们将词语**富有想象力**应用于一件产品或一种观点时,我们是要表明,即使有一些偶然性因素介入了,它们仍是计划产生影响的结果。仅仅偶然如此的事物通常不被称为富有想象力。尽管言语分析或概念分析除了使用语言者的言语习惯外展示不出其他东西,但是对于**富有想象力**这一词语的解释似乎是有实际价值的,这是因为,比如,如果我们消除了计划的标准,那么"富有想象力"的问题超出了教学的范围,仅仅成为一件神赐的灵感或幸运的事情。

如果 Barrow 关于想象的语境特征的观点是可以接受的,那么关于哪种类型的想象(i. e.,在何种语境中的想象)应得到重视的问题,也应该是可以接受的。(语境的观点,i. e.,活动的领域,却需要被修正。"领域"没有像过去由 Paul Hirst 等理论家所提出的那样进行清晰的划分)。一个共同关心的事情是道德想象,人们倾向于讨论它与诸如同情和关心的概念之间的关系(cf. Greene, 1995; Johnson, 1993)。我不轻视其他领域中的想象,比如,音乐。但是我想提出的是,首先在教育中,尤其是从学校教育的角度来看,特定领域中想象能力的发展似乎比其他领域更加重要,其次,在当代想象理论家中,似乎确实存在特定的优先发展的领域。

想象作为几种因素的联合

我认为,想象是几种因素的联合而不是思想的单一力量的结果,一个人在某个或某些领域、而非在所有领域中具有想象力。要成为想象力丰富的人,人们需要具备知识、技能、好奇心以及其他天生的或后天获得的、有意识或无意识的因素,但是这些因素的所有名单尚未、也可能永远不会被确定。有不同理论家讨论得出了想象的各种条件,比如,知识,无意识(或非意识),情感投入,等等。对于这些争论的问题还没有确定的答案,当然我并不打算给出一个答案(因为我不能)。我将介绍我所认为的想象的内涵以及通过教学活动和教学过程培养想象的可能性和条件。

不管怎样,应该做一个让步。这就是被称为想象的态度方面,我把它描述为一种戏谑的态度,喜欢试验不同的观点。在描述想象力丰富的标准时,Barrow 指出,想象力丰富的人具有不寻常而有效的倾向和能力(Egan & Nadaner, 1988)。"倾向"这一术语可被解释为生产不寻常而有效的产品(观点或物体)的频率,但我认为,它是指一个人接受不同观点和概念的良好的态度。想象的这个方面不会仅限于一种语境或内容,它在一定程度上也能从一个领域向另一个领域转换。

一个受过教育的人一定是一个充满想象力的人

教育是一种社会化、涵化(acculturation)或者常规化的过程,这是由于我们不可能把一个人看作"受教育的",如果他或她缺乏一种反映既定的社会或文化的知识、习俗等。教育的目的也包括培养个体置身于特定社会的思想价值和思想模式之外的能力(比如,教育的一个重要部分,道德,不仅是指遵从文化传统或社会规则),但是,它当然不是培养不了解周围发生了什么事情的不适应环境的人。

就此而论,我想指出,一个受过教育的人至少在三个方面一定要想象力丰富(我想强调的是,受教育的标准不是完全主观的,它们是合理地建立在共同的教育价值观的基础之上)。人们对于"受教育"的理解根据诸如文化背景、个人偏好等条件各不相同。但我认为,受过教育表现为,第一,广泛的适度的分享,第二,值得支持,并且受过教育把想象力丰富作为一种关键特征。

第一,自古代开始,教育哲学家就已谈到仅仅具有知识和受过教育之间的区别。从这个视角出发,我想指出,受过教育的人必须能够通过将他们所经历的或认知的事物放置在一个不会被给予直接的事实、信息或材料的更广阔的背景中,却能理解其内涵或意义。这意味着受教育的人必须具有一种理性,即认为存在某种超越直接获得的东西之外的事物。这种理性会很好地导致或需要一种常识,即他们当前所拥有的东西存在另外的可利用的价值。

第二,与受教育的第一个特征在一定程度上有重叠,这在诸如终身学习,学会如何学习,或教育即生长等短语中可发现。受过教育的人必须有能力和意愿去继续更进一步的教育。能够和愿意去继续更进一步的教育在逻辑上意味着,他们可以看到另外的可能性,即他们会被误解的可能性,有解释事实和事件的其他方式的可能性,或世界上有更多的有待探究的事物的可能性。比如,Warnock(1976)在论及教育可以给予的东西时指出,教育给予一个道理,即"总是有更多的事情有待经历,我们所经历的比可预期的要丰富得多",并且不让人们"屈从于无用的感觉的诱惑,或盲目相信他们值得拥有的东西就这么多了"（pp. 202 - 203；原文是斜体字）。

第三，就道德理解而言，受过教育的人至少必须是有道德的人。道德包括不同的因素。人们为了有道德，需要具有知识、情感、意志，等等，我认为，其中，想象力是关键的。比如，作为一种被广泛讨论的道德理论和道德教育，关心伦理认为，仅仅关心是不完全的，除非这种感情被你所关心的人所接受。① 我想，这意味着，我们如果要关心其他人的话，需要了解什么对于我们所关心的对象是有益的，只有怜悯的感情是不够的。② 这需要人们愿意从他们自己的价值体系和观念中走出来，并试着了解他们所关心的对象的价值体系和观念。这样，有道德的人必须能够超越他们自己的看法、思想和感觉，从其他人的视角来看待事情。

第三条标准，基于英文词语受教育的一般用法，从分析的观点看，道德可能不包括在受教育的标准中。然而，过去和现在都有一些教育理论同强调学术能力一样强调道德。第一，在教育史上，道德教育一直是教育所关心的一个主要问题（比如，教育作为**陶冶**，有用的知识和技能被放在优先的位置（譬如，在我们的社会中，从 Herbert Spencer 提出的从实用的角度出发学习科学的思想到"回归基础"运动），与其说是一种准则，不如说是一个例外，这可能是有争议的。第二，由内尔·诺丁斯（Nel Noddings）提出的关心道德理论反对学校教育只关注特定的学术能力而忽略其他价值，我赞成这一观点，并主张道德应包含在受教育的标准中。

因此，我发现，受教育的普遍共同的概念的释义是指想象力的必要性，我认为，无论还有什么其他的内容可以加入，我们应将这三条标准作为受教育的最低准则。作为一种超越现实的能力的想象是其中的一种关键因素。 *30*

教育、学校教育和想象之间的关系

想象力发展和教育

我相信，不培养想象力的教学过程或教学活动是失败的，脱离其他教育

---

① 比如，诺丁斯（1984）写道："我可以有多好，取决于你——另一个人——是如何接纳和回应我的。"（p. 6；在原著中是斜体字）

② 参见，Raywid, 1981，是对诺丁斯的论文的回应。又见诺丁斯，1984，pp. 171 - 172；"我反对标签［她的观点代表感情主义者］，因为人们总是过于简单化地贴上这样的标签，于是出现这种观念，坚持承认道德的情感基础的人必须把认知活动的作用减至最低程度。"

价值的想象是没有多大价值的。有可能存在这种情况，一个人在一个特定领域具有极高的想象力（比方说，下棋），但是他或她在其他方面则很糟糕。在这样的情况中，就这个人的全面教育而言，想象似乎不是特别有价值的。

在很大程度上，教育价值是由社会、文化和历史偶然性所决定的，想象为何受到重视或哪种类型的想象受到重视，也是由我们特定的社会中可能发生的事件所决定的。作为人类自由的一个缩影，想象的观念反映了我们希望超越这些局限性（cf. Greene，1995，pp. 51, 163），但无论我们是否愿意，我们在一定程度上对那些与我们的文化价值紧密相连的想象类型有特殊的偏爱。正是在学校教育的背景中，这个问题变得非常明确，因为学校是把文化和社会价值以显性的和隐性的方式呈现给个体儿童的地方，尽管教育是由其定义方式而定的，但它可以更加的私人化。

我意识到，我界定想象的方式可能听上去非常像卢梭（1762/1979）对于理性的界定，当他说："在人的所有才能中，理性，可以说，仅仅只是其他才能的一个综合体，是发展最难和最晚的才能"（p. 89）。我会认为儿童不具有想象力。不完全是这样。我要提出的观点与 Chambliss 对于卢梭关于童年理性的观点的理解相似。Chambliss 提出，卢梭并非主张，儿童不具有理性，而是认为儿童仍有待发展一种特定类型的理性（p. 52）。我将把这种逻辑应用于想象。尽管儿童具有想象能力，但人们不会认为教育理论家倾向于赞赏的这种想象能力与其他诸如反思性能力和移情等教育价值相关。

这说明，有两个我想讨论的问题。第一，作为思想的灵活性的想象会将自身展示为幻想和游戏，这种现象在童年时表现得更充分。这种想象可能是有价值的和有魅力的，但是它自身不是人们在那些更加宽泛的理解和道德的教育价值中看到的想象力。恰如理论家 Cobb（1977）和 Singer and Singer（1990）所指出的，珍视和激活儿童的想象力，在高度扩展的意义上可能有助于开启想象力。然而，为了不让这种联系落入无成效的和简单化的虚夸言辞中或仅仅以口号而告终，它们必须被仔细检查。

第二，总的说来，我们珍视的这种想象与理性有着强有力的联系，这种理性既不是实证论意义上的科学思维，也不是经典意义上的作为掌握普遍真理的一种直觉性因素。我所指的理性与实用主义的反思性能力的观念更加接近。比如，Peirce（1896—1899/1955）写道："当一个人热烈地渴望知道真理时，他的初次努力将会是想象那个真理会是什么"（p. 43），这是科学思维中的假设性思考。或者，如 Dewey（1916/1985）所言，想象是"使任何活动不呆板"的事物(p. 244),这类似于把想象看作思想的灵活性的观点,加上根据事实性证据确认一个人的观点正确是很重要的,实用主义把思想的想象力方面看做良好思维的必要组成部分,这种把想象能力纳入作为理性的组成部分的观点相对较新。

一般来说,今天想象力被视为更健康或更均衡的理性的一部分。可能会有其他给想象力下定义的方式,但我认为,像这样定义的想象是教育价值的一个关键部分,那么,有一些观点或词语是应避免使用的。

需要避免的几种用词

第一种观点是把教育和想象视为相互对立的。第二种观点是把教育和想象视为互不相关的。这些观点通常从想象和童年的过于浪漫的视角出发,试图提出想象在童年时达到最高峰或处于最理想的形式,随着儿童的成长,它会逐渐丧失。

人们在谈论教育,或更确切地说教学过程时,有时似乎将之与想象力相互对立。这典型地体现为对儿童或艺术家的特定类型的想象活动和创造性活动添加上过于浪漫主义色彩的立场和观点。这种观点最早的例子之一可见于 Wordsworth(1807)(但是我不打算指出,他是这样一种带有过于浪漫主义色彩的观点的提出者),当他赞扬一个孩子,称其为"你是最优秀的哲学家",并吟诵道:"年幼时,天国的明辉闪耀眼前;当儿童渐渐成长,牢笼的阴影便渐渐向他逼近。"这种信念与教育理论相关的例子是,Lev N. Tolstoi 所指出的,只有当人们给儿童提供有助于创造的材料和刺激物时,艺术创造力才会发展,并指出,儿童与成人相比更接近真理和美的理想。

在许多的——也可能是所有的——经验领域,如果一个人不具有该领域所需的技能和知识,他是不可能表现出想象力的。足球运动员除非了解特定的规则和规范的策略,并能够开展一定的活动,否则他们是不能充满想象地运动的。在许多我们认为想象力非常重要的领域中,那些能够通过教育和经历逐渐形成的事物是必需的。比如,对一个社会问题充满想象力是不容易的,要关心一个遥远国度的难民的命运,我们就必须知道他们真正处于怎样的状况或他们真正需要什么。这需要很多的信息和认识(历史、政治、经济、营养和心理),因为不那样的话,我们最后会投射我们自己的价值观念,从而远离了那些处于困难境况中的人们的真正需求。

此外，把想象力的发展视为释放儿童先天潜能的问题存在着逻辑和用语上的危险。杜威对于儿童中心的实践逐渐不再抱有幻想，Diggins 与之相关的描述很好地表达了这种担心：

> 允许儿童遵从自己的"意愿"，就是假定学习是"从未受控制的无计划的资料中"神秘产生的。事实上，精神生活不会自动萌发。如果他不从教师那里获得建议，那么他就会从家里或街上的某人或某事、甚至从一些更加具有活力的同伴所做的事情中获得建议。（Dewey，quoted in Diggins，1994，p. 312)

这不是说学校或系统教学永远是正确的或它是想象力发展的保证。但这似乎表明，从系统教学过程和活动来看，作为理性组成部分的想象能力的发展是需要教育的。

人们也会谈及教育和想象，仿佛它们彼此不相关联。教育往往被认为不能使人们更具有想象力。同样的，想象往往被认为不能帮助人们接受更充分的教育。前一个问题似乎来源于一种对想象的理解，即把想象定义为一种单一的、先天的、超越的能力：想象是一种从诸如知识和技能的教育因素中分离出来的思想的"力量"。后一个问题似乎主要来自于想象活动与艺术活动的传统联合——把想象看作主要与艺术有关、艺术则为教育的装饰的观点。

这些误导性的观点在学术著作中不是非常普遍，但是在非正式的讨论和争议中很常见。表面上，许多理论家都提出了通过艺术发展想象能力的观点，比如，Dewey、Steiner、McMillan、Cobb、Swanger、Johnson 以及 Greene，但是他们不是简单地指出，从自由表达的角度鼓励儿童的艺术活动将保证想象力的发展，他们知道艺术与众不同的性质和局限性。与他们的观点相比，下面的观点是过于简单化的。在一篇题为《艺术教育意味着商业》的文章中，Carol Sterling(1994)写道：

> 艺术教育在其雇员中创建了技能商业需求。在最近的 20 多年中，工作世界已经发生了戏剧性的变化。程式化的行为过时了，当今，适应、诊断问题和寻找创造性解决问题的方法的能力——甚至在生产和运送服务的最基础水平上——极其重要。(p. 37)

接着,她指出,目前商业所需要的、艺术教育可以建构的"技能",是"如何想象和如何将想象应用到真正的商业问题中"。这个观点似乎忽视了艺术和商业之间的区分,并且对于想象的内涵也不明确、不清晰。

另一个例子可以在 Brenda Casey(n. d.)的一篇文章中看到。尽管她承认"想象不是儿童生而享有的事物"(因此需要教育),但是,她将想象与游戏联系得过于紧密:"幼小的儿童为他们的手指和脚趾所着迷。古老的最受喜爱的歌谣,像'两只小鸟','旋转花园','小猪'是确保激发想象力的方式。"她总结说:"记住,想象得以实现的儿童将成长为足智多谋的和富有创造性的成人。"我认为,创造力的发展(无论她通过它表达的是什么)不是由"实现"儿童的想象力(如她所构想的)来"确保"的。

通过阐明我们要用想象来表达什么、想象是由什么要素组成的,以及教育如何能够有助于这些因素的发展,这些问题可以并需要克服。由于想象不是我们生而具有的单一能力发展的结果,至少它在一定程度上是可训练的;然而,我们不能只是在艺术领域中来训练它,并期望它可以转换至其他领域。

因此,我认为,与通常公认的观念相比,教育在更大程度上在使人们获取想象力上具有更重要的作用,并且想象在帮助人们接受教育上也有更重要的作用。

我认为,想象和童年的浪漫主义的观点不是没有道理的或无意义的,因为事实上存在着这样一种情况,教育(尤其学校教育)强加了一种特定思想模式或特定的价值体系。人们普遍注意到,随着儿童长大,他们失去了学习的热情或灵活的、充满活力的思维方式和感觉方式。与社会按照特定模式塑造儿童的思想倾向相反,赞赏儿童的"想象力"或"创造力"可能是正当的。然而,这种意义上的想象力或创造力自身是没有价值的,除非它是由其他的智力、道德和审美品质组成的。那么,教育者的任务首先就是弄清儿童的想象力倾向和受过训练的想象力之间的联系,其次,如果存在这样一种联系,那么,在把想象力倾向与其他的教育价值联系起来的同时,找出保持儿童这种想象力倾向的方式。

再者,我们不得不慎重对待我们附加给**充满想象力**的这一词语的内涵或意义。比如,有的人认为儿童创造的许多艺术作品实在缺乏技巧,有的人则表扬它们,认为它们是儿童想象力的产物。我并不认为,在任何方面都不应该表扬儿童的艺术作品。我认为,儿童的绘画或诗歌可以称之为有想象力的，但是我们这里需要谨慎。儿童的艺术作品是充满想象力的意见——通常是指儿童的艺术作品与成人的常规作品相区别——只有从成人的视角出发才是可能的；它是一种仅仅对于见识过诸多艺术作品以及对惯例很熟悉（可能已厌倦）的成人才有可能的意见。儿童有可能只是使用他们所获得的观点、技能或词汇，而不一定意识到他们的独特性。（是否在想象的定义中包含"意识到一个人自己的独特性"这个短句，可能是一个有争议的问题。Barrow 在想象力的定义中清晰地包含了这点，但其他人可能不同意。）正如Barrow 所提出的，只有独特性或特殊性是不构成想象的。

因此，我提议区分词语想象的两种用法。一种，我称之为客观的意义，与 Barrow 的用法相近。比如，当我们称一个科学家、一个运动员或一个老师具有想象力时，我们意味着，在各自领域中，他或她的表现展示出独特性和有效性。想象力的这种意义主要与对一种观点或一种表现的质量的客观性评价有关。

另一种，我们称之为教育方面的意义。当我们称一个儿童具有想象力时，我们不总是关心他或她的成就在客观意义上的卓越。在一定程度上，当我们称一个儿童或者他的或她的行为为"充满想象力"时，我们有可能指出这个儿童似乎超过了他或她已经达到的目标。按照客观标准，这个儿童没有做一些不寻常的或有效的事情，但是这个儿童所完成的可能被认为超过了迄今为止他或她已经达到的目标（因此，针对他或她自身而言是"不寻常和有效的"）。或者我们称赞儿童对于这个问题的热情、强烈的好奇心或激情，因为这似乎意味着这个儿童将持续地攻克这个问题，有一天可能创造一种真正充满想象力的作品。这个意义上的想象力对于除儿童的家长或看护者之外的人们并不意味着什么，除非我们有一个好的理由相信，儿童的想象力倾向会导致他或她取得重大的想象性成就。简而言之，其意义是教育性的（或是"形成性"而不是"总结性"的，借助 Michael Scriven 的术语[Einsner, 1985, pp. 173, 198]）。正如 Jerome Bruner 所言，致力于前沿领域研究的一流科学家和埋头开创自己的前沿领地的儿童们至少在这点上是共同的；他们尝试超越他们迄今为止已取得的成就（1960/1977, p. 14; 1962, p. 126）。这种超越他们迄今已取得成就的尝试，是促使智力、审美和道德发展的一个关键因素。在这个意义上，这种看似平常的事情对于儿童自己和那些关心儿童教育的人们来说是具有教育意味的。

尽管想象的当代理论家把想象定义为思想灵活性的一种能力（我当然

同意他们），但是，有一些意见认为，想象确实不适合定义为一种能力。他们认为想象力包括更多的东西或它具有一些不同的东西。比如，Dewey(1987)指出，想象力"标明了一种激励和弥漫于制作和观察全过程的特性"(p. 271)。Bailin(1994)在她的想象概念中既包含了"自由游戏"和"探索"，又包含了"观念的产生"(p. 121)；Singer and Singer(1990)认为，想象与创造力不同，"无论它可否有助于生产出公众产品，其自身是充满乐趣的"(p. 270)，它是"一种游戏的、创造的精神"(p. 268)。这些方面与类似于精神或态度的事物接近；从概念分析的视角来看，它可能是没有意义的，但我认为，简单地摒弃它是不明智的。

人们常说，在某些方面，儿童比成人更具有想象力。这种观念有一些问题，但是它似乎包含了几分真理。要想具有想象力，我们需要对现实是怎样的有一定的认识。因此，应该有理由说，儿童具有较少的想象力，因为他们缺乏感知现实世界的经验或知识。然而，我们知道，儿童倾向于具有比成人更加强烈的好奇心，或努力超越他们已经获得成就的强烈倾向。此外，他们不及成人守旧。因此，也应该有理由说，儿童一般比成人更有想象力。关键问题是我们必须注意我们应用这个词语的语境。

此外，与上面提到的布鲁纳的观点相反，有一些观点认为儿童的思维方式和感觉方式与成人的完全不同。一个例子可见于 Egan(2002)。他指出，随着一个人的成长，有诸多"权衡"(trade-offs)，成长或教育的过程不仅仅是一个单向发展或积累的事情。随着人们不断长大，他们可能会失去一些东西。这当然不是一个孤立的观点，尽管我认为我们趋于追求的这种想象需要教学过程，但是事实可能是教学过程正好限制了想象力发展。比如，当McMillan(1904/1923)说，对于新的想象的获得——我理解的是通过获得不寻常的可能性或新的观点——不是由经验和观察导致的（即使它们对其有所帮助）时候(pp. 140 – 141)，她切中要害。如果由于教学过程想象累积性地发展，那么，想象能力应该随着一个人经验和观察材料的增长而增长。然而，情况不是这样的。因此，有理由推想可能存在类似于"作出权衡"(trade-offs)的事物。权衡类型观可以 Edith Cobb(1977/1993)的主张为例，即高创造力的人倾向把他们的创造力归因于他们童年时获得的特定类型的感受经验。Cobb 的观点建立在她对全世界高想象力或创造力人群的传记和自传性材料的研究的基础之上。虽然这不是一项精确的科学可测的主张，但我认为它仍值得重视，因为这样的经验性观察材料可以很好地展示概念分析材料无法展示的内容。

想象与现代西方教育

我们今天认识的教育（尤其是现代西方世界中已经发展的教育），建立在我们认为自己将从生活中期望获得的事物的基础上。人们相信，要获得一种值得过的生活取决于"对于［个人］生存的环境——和未开发的潜能日益注意"（Greene，1995，p. 182）。教育在这种探求中最为重要。根据这种观点，比如，自然状态下的生命（卢梭）可能是丰富的，却没有价值。除了诸如改造社会、理性控制自我、掌握生活中有用的知识和技能等目的外，作为一种个人应通过教育获得的一项重要价值，了解一个人自身的环境及其潜在可能性的理想（被文化、偏见、社会约定或无知所隐藏）逐渐显现了。并且，人们相信，必须通过自己去实现这种理想。尽管对于这种认知只是缓慢发展的，而意识到想象是其中的一个必要组成出现得更晚，但从启蒙运动的哲学家到当代理论家，这似乎是教育的一贯的主题之一。

早在 16 世纪，Michel de Montaigne（1580/1993）就提出了智慧胜于知识。[①]他认为，为做出正确的决策而应用知识的能力比仅仅掌握书本知识更为重要。比如，关于历史，他写道："不要教授给他那么多有关如何评判的历史事实。"（p. 62）他更偏向于主张，个体必须理解别人给予的故事和信息，并由自己来判断它们具有怎样的状况和可能性。

在 17 和 18 世纪，诸如夸美纽斯，洛克和卢梭等教育哲学家，也反对书本学习、纯粹的意见、依赖习俗或主观权威，强调基于个体一手资料的自主判断。

在 19 世纪，赫尔巴特认为教育的主要目的之一是激发学生多种兴趣：

> 教师必须尝试在他所教授的一切内容上激发学生的兴趣，这当然是一条熟悉的准则。然而，这条准则总是被理解为表示"学习是目的、兴趣是达到这个目的的手段"的观点。我希望倒转这种关系。学习必须为激发兴趣这一目的服务。学习是短暂的，而兴趣必须是终身的。（引自 Hilgenheger，1993，pp. 7-8；原著为斜体）

---

① Michele de Montaigne 喜欢"一种结构良好而非填满知识的智力"（p. 54）。

上述观点似乎揭示了理解个体的生存环境及其未开发的潜能的重要性、或世界上总是有更多的事物有待探讨的意思。尽管后面的几代人对这些作者具体的实践建议或哲学假设的一些方面进行了评论,但他们至少在原则上主张,要过一种有价值的生活取决于人们对基本的教育价值的认识和理解。

　　但是,这些理论家认为,想象不是实现基本价值的一个关键部分。这部分是因为他们的认识论——他们相信存在客观知识,他们假设,为了领会客观知识必须使理性能力(以及感官)变得敏锐起来。思想的灵活性和游戏/实验的态度在这个系统中不扮演重要角色。

38

　　在这些早期理论家的著作中可以看到一些对想象力或创造力进行评论的观点。然而,可以说,他们对于想象力的评论兴趣不大。比如,赫尔巴特,同裴斯泰洛齐及其他人一道,把想象力看作一种制造形象的能力,但是他的理论把想象力视为形成清晰明白的概念的准备。他不是非常赞赏把想象视为自由游戏。又比如,福禄倍尔高度评价了创造力,但是他的想象力和创造力的概念是蕴含在将自行生长的人性之中的天性的象征,而不用借助诸如教学这种人为的手段来培养(如同一粒种子只要在一个适宜的环境下就可以长成一朵花)。他把想象力或创造力理解为对人类中神性种子的展现,它在童年是最活跃的。

　　在 19 世纪的晚期和 20 世纪的早期,与当今的构想一致的想象能力的评价出现了。[①] 杜威是这次转型中的主要人物,或是一个至少碰巧在这段时期工作、并提出了与我们所理解的想象概念一致的观点的人物。无论是哪一种定位,杜威都是当今研究想象的理论家中最普遍提到的作者之一。

　　我不打算提出当今所有关于想象的教育理论是杜威式的实用主义的结果。然而,他们与杜威思想的一些方面有着强烈的共鸣。注重理解(与仅仅关注知识相对)、连续的自主学习、选择性视角都表明,一种值得过的生活不是一件个人享乐或舒适的事情,而是一件意识到自己作为一种社会存在的事情。杜威对于想象、理性和社会生活之间关联的理解,就是顺应这种观点的原型论点之一。

---

① 除了实用主义的更新的理性概念,新的心理学理论有助于对想象力的理解。比如,20 世纪早期,维果斯基尝试克服人类思想的还原主义观念。他致力于研究不能被还原为"刺激—反应"连接的更高级的心理功能,包括想象和创造。杜威也试着超越"感觉主义经验论"的"错误的心理学"(1985,pp. 33 - 34,279)。

因此，我们可以谨慎地提出，我们重视想象的习惯是现代教育中一种重要观点的延续。今天，据说，社会可能提供虚假的选择；无法保证一个人会获得最终的真理；有各种各样、相互竞争的观点、故事、价值和信息，其中一个人不能简单地把真实的与虚假的分开。虽然如此，我们必须能够设法合理准确地判断一个人的状况，并理解事情也可能是另外一种状况。

我不打算指出，恰如我迄今已经描述过的，想象与教育之间的关联应该是唯一的联系；我认识到提出的这个观点的社会文化背景。虽然如此，意识到这一点，我认为，第一，我所描绘的图景是对当代想象教育的理论家一般观点形式的非常合理的总结。第二，我们应该追求这种联系，因为它与我们信奉的价值联系得如此紧密。由当代学者所讨论的想象理论很有趣，因为一方面它是自启蒙运动始西方教育的遗产的延续，另一方面，就像在反对一些哲学假设时所看到的那样，它试着在某种程度上超越其范围。尽管一些假设和现代语言可能需要被评判和被剔除，我认为诞生那个年代的教育的一般项目不应该被随意地抛弃。

结 论

尽管关于想象的内涵及其对于教育重要性的原因，存在许多相互竞争的观点，但是在一些主张想象在教育意义上很重要的理论家中似乎存在一种所关心的问题的相对稳定的中心。在这一章中，我介绍了我所理解的他们所关心的问题的主要的中心之一，并提出它是现代西方教育的项目的延续。除非我们要抛弃项目自身，想象的发展必须成为我们教育的一个必要组成部分，我们必须制定出如何在实践中实施它，还要在概念上澄清它。

不可能发现想象概念的定义特性，的确，我们不需要。然而，应该有合理的原因认真研究想象，在这种总结性评论中，我想接着谈谈关于词语的实践内涵——为何我选择想象一词而非其他的原因。

对于我而言，之所以选择词语**想象**而非其他类似的概念，尤其是**创造**，至少部分是由于它所传达的期望的意义。我们有时把词语**充满想象力的**应用于一个人，是由于我们感受到在他或她的身上有一种给人们意外惊喜的潜能或倾向，不会被当下的现状、标准程序或陈词滥调紧紧地限制住。然而，创造的概念与产品的概念联系太紧密了，而想象的概念与一个人的天性更接近。

想象的概念与游戏的精神也有着一种更加强烈的联系。具有想象力意味着是在对于学科/任务的好奇心和爱好的驱使下追求思想，而不会太在意别人的评价；如果产品碰巧被判定为杰出的，那么它会非常好，但这只是偶然的。

作为浪漫主义精神的一个标志，想象意味着拒绝运用现存标准。在课堂教学的背景下，教师有时凭直觉认为，有一些学生具有想象潜能，即使从分数的角度来看这些学生不是特别优秀。根据一般公认的优秀的标准难以证明这种判断是合理的，但我认为这种凭直觉获得的判断不应被摒除或受抑制。这种凭直觉获得的判断一般反映了教师期望：有一天儿童会成长，但可能不是在这个教师所教授的学科上、甚至在学术上有所发展，它证明教师努力不放弃每个儿童的做法是有道理的。这个判断也促使教师反思、问或修改他或她的教学方法、课程和要求，并给予儿童更灵活的探索空间。因此，教育实践中的想象意味着，应努力更加注意学生能够达到怎样的目标，以及教师如何才能在促进学生探究中发生改变。

恰如我已证明的，我们的想象概念与理性有着强烈的联系。可以说，充满想象力的理性是可追求的有价值的事物，尽管我们倾向从可说明的事物的视角（主要是文字的和可量化的）看待理性（和其他的教育价值）。想象的概念意味着，总是有逃避公认的规范、标准和语言描述的事物存在。对产品的强调（比如，在创造的概念中）意味着我们能够评价产品（观点或物体），想象的概念则提出了如下意思，即使我们根据公认的标准不能清楚地解释或评价它，我们也会发现学生身上表现的具有教育意义的潜能；这层意思表明，需要开发内隐的或不明显的潜能。

第三章　教育研究中的批判性思考：想象和新知识

Maureen Stout

在《发现事物的乐趣》(*The Pleasure of Finding Things Out*)一书中，物理学家 Richard Feynman 写道，科学家的责任是"尽我们所能的做，尽我们所能的学，改善解决问题的方法，并将之传递下去……如果我们禁止所有的讨论，我们将注定遭受权威的束缚，限制在我们当前的想象的界限之内"(1999，pp. 149)。我想，他的话对于社会科学家和自然科学家，尤其是教育家来说，是有指导意义的。因为我们的工作最为重要的是解放思想，允许我们想象——实现——一个比当前要好的未来。

实现那种未来需要确保我们的研究实践以及表述它们的理论和范式的完整性，在这一章中，我提出，同自然科学研究一样，社会科学研究尤其是教育研究的进步，既要依靠想象，又要依靠批判性思考。我声称，批判性思考和想象不是对立的，而是相互支持的能力，它们是智力奋勇进取的两个领域中必不可少的：在规定领域或理论结构中的知识建构（我称之为范式内的知识建构），挑战现存理论结构和提供认识论刺激以形成新理论或新范式的知识创造（范式间的知识建构）。在这里，我主要集中讨论后面的领域。

在论文开头，通过概述想象和批判性思考如何共同起作用来帮助我们建构一种挑战现存范式的知识，以及为科学和教育中新的解释框架提供批判性、想象性、评价性激励的知识，我指出想象和批判性思考是如何相互促进的。我概述了一些科学范式的转换，接着，讨论一种具体的教育理论的变换：从现代主义走向后现代主义。我认为，教育的后现代、后自由理论在缺乏想象性思考和批判性思考时是不会发展的。在最后，我总结了对于未来研究的建议，并概述了教学和课程的含义。

这里，我的目的不是指明批判性思考和想象之间的既定关系，或坚持主张想象在每种批判性智力训练中都是有用的或相关的。我在一定程度上主张，与我们在此前认识到的作为一种评价性能力相比，想象对于范式间的知识建构会更重要。

范 式 细 节

当然，自从 Kuhn 于 1962 年最先出版了《科学结构的革命》(*The Structure of Scientific Revolutions*)，冒险进入范式转换或理论变革的讨论会把一个人带入一个布雷区，那里充满了关于"范式是什么"、"它是否真正转换"等相互冲突的观念。(事实上，短语**理论变革**是由一个值得尊敬的同事提供给我的，他提出**范式转换**是一种具有暗示性的术语，最好不使用它。)然而，在这次讨论中，我发现"范式转换"是更加有用的短语，因为它最好地说明了我所感兴趣的思想中存在着激进的或革命性的变换。但是首先，什么是范式呢？就我个人而言，范式是一种解释性结构，也可能是结构的集合体，它在特定领域中作为大多研究可资借鉴的一种有用的理论和概念已被广泛承认和应用。我认为，范式是一种比理论具有更广泛的解释功能的工具；事实上，一种范式可以包括多种理论。

在一个特定领域中会有多种范式同时共存，但是在某些规定的时间内，一种范式会占主导地位。恰如我后面会更加详细讨论的，有理由说，后现代主义范式至少在过去 15 年里(可能更长的时间)是教育研究中占优势地位的范式。我们暂不考虑关于后现代主义是否只是对现代主义的一种回应或者它真正是一种新的范式的观点，显而易见的是，在教育研究和社会科学研究中，现代主义目前有了一个明确的对手。

为了便于这场讨论，我将把 Kuhn 对(1970)范式转换的解释作为一种可用的模式。按照 Kuhn 的思想，只要新知识可以充分地被一种范式所同化，这种范式中知识建构的过程就会继续。但是当范式中的异常现象占优势、并超出了该范式原有的解释能力和功用时，研究者将努力从维持原范式转变为开发和支持一种新范式。

然而，还有许多其他关于科学是如何进步的解释，包括 Karl Popper, Imre Lakatos 和 Paul Feyerabend 的理论。如果我们把所有这些观察者放在一个连续体上，我们会在代表现实主义者的一端放上 Popper，接着是 Lakatos，再接着是 Kuhn，最后在代表激进的相对主义者(或"无政府主义者")的另一端放上 Feyerabend(Casti, 1989, p. 36)。Lakatos 主张，仅仅由于一个特定的假设被驳斥了，不意味着科学家会抛弃一种理论，并突然进入未知的认识论领域以尝试开发一种新的范式。他们将首先修改外围的规则

44

或概念,只有当核心概念受到威胁时,一种范式才会有崩溃的危险(Noddings,1995,p.123)。我想称之为"沉船理论":一种特定范式的拥护者会紧紧抓住这种范式不放,直到它在认识论上和政治上(和专业上)看上去不堪一击——只有那时才跳转到一个新的范式上。

无论我们是否完全接受 Kuhn 或其他人对于范式的解释,有一些事情是清楚的:人们在公认的范式和新的范式中开创研究工作,以此挑战或取代现存的范式。这里向我们提出的问题是,在这种新的范式发展中想象会起到什么作用。

我认为,从一种范式向另一种范式的转换通过理性的讨论和分析不断发展着,然而,这种从拥护一种范式转向拥护另一种范式的时期(或长或短)在性质上也是充满想象的,因为它需要认出当前和未来生活的意外事故——生活在过去和现在都可能是不同的。发展或加入一种新的范式需要智力的、心理的、甚至道德的勇气来超出公认的主导范式的范围,从而不仅质疑范式的主题或内容而且质疑范式自身解释的完整性。抱住那只沉船的人和自救的人之间的不同之处在于后者可以设想出新范式的解释能力和认识性能力,并欣然接受它的挑战。当然,新范式是否会在水面上漂浮完全是另外一件事情,但创造或采纳一种新的范式需要的不仅是理性和逻辑,还有想象——变革的催化剂。

思考——批判地和充满想象地

在审视想象和批判性思考在范式转换中的作用之前,我们需要澄清我们要通过批判性思考和想象表达的思想以及两者之间的可能性关系。Harvey Siegel(1988,p.34)把批判性思考定义为原则性思考。这位批判性思想家寻找其论断可以建立于其上的理由,在寻找理由的过程中,她自己完全地恪守原则(p.33)。我称这些原则为学术价值:公平、一致、公正、寻求真理的意愿,等等。批判性思想家反对主观、使用公认的标准评价观点和做出判断、对观点和信仰提供有根据的支持。因此,批判性思考是一种应用公众认可的和可公开辩解的原则进行的慎重的思考。用 Siegel 的话来说,一个批判性思想者是"合情合理、恰当行动"的人(p.32)。

然而,我赞同 Bailin 及其同事的观点(Bailin, Case, Coombs, & Daniels, 1999a),批判性思考不只是一系列可应用于任何情境的普通技能。

他们主张,"没有恰当的理由认为,'比较'、'分类'、'推断'这些术语表示一个人通过重复就可以改善的心理过程。"(1999,p. 280)他们进一步主张,要成为批判性思想者,我们需要背景知识和知晓特定领域中的概念,还需要有效探索的方法和思考的习惯(p. 285)。批判性思考包括问题解决、评价标准、应用原则——确实是多种技能、步骤或态度——但这些有可能在各自的语境中存在质的差异。

换言之,当我提出有理由说一个人在辩论和批判性思考中必须使用良好的思考能力时,什么被认为是好的思考能力可能在一种语境中与另一种语境中是不同的。Robin Barrow(1990,p. 91)同意,注意,一个批判性思想者不仅理解良好的思考的规则,而且理解它们在特定类型的探究和理解中的表现形式,并且知道如何恰当地应用有关不同种类的学科内容的推理规则。然而,Siegel(1998)强调,我确实认为,一个批判性思想者还必须将推理、理由和根据的性质作为各领域中的一般概念加以掌握。

Siegel 还指出,有一些特定的性格是成为一个批判性思想者所必需的。批判性思想者必须愿意使用合适的推理和原则,并相应地使用它们。Siegel 称之为"批判性精神",我相信,具有批判性精神意味着愿意在推理和判断上听从自己和别人的严格的、原则性的评价。具有一种批判的性格在本质上是一种理性的情感成分,Siegel 把一个有理性的人定义为"不感情用事的人,是在进行推理时'关闭'情感的人",这是站不住脚的。我所说的智力技能,就是 Siegel 所称的"理性的爱好",并总结道"批判性思想者必须对推理及其应用感兴趣"(1998,p. 40)。

如果把批判性思想者定义为在推理时有意识地利用感情的人,有意识地评价她自己的思想和别人的思想的人,那么这个概念就与想象联系起来。46 正如 Kieran Egan 和 Keiichi Takaya 在现在这本书的相关章节中所描述的,想象的概念有一段长而活跃的历史。我将把这段历史交给很有才干的他们掌管,在这里,则以 Egan 关于想象的界定开始,Egan 认为,想象是思考可能性存在的事物的能力,是一种思想的有意行为,是一种充实理性的能力,是发明创造、新奇事物和生产力的来源(p. 47)。

对于 Egan 而言,由于想象在感知、身体经验、形成形象、产生新的经验和观念等方面很复杂,因而它具有情感的成分。虽然我认为,白日梦、猜想,甚至假说都可以被认为是想象练习,但想象不只是无意义的幻想和罗曼蒂克的白日梦。

因此，想象深深扎根于情感和认知两个领域。这样，我认为，历史上我们在理性与情绪或智力与想象之间所做的严格区分是不明智的。确实，想象可能是横跨这两个领域的桥梁，并可以促进两者的发展。恰如 Egan (1992a)所指出的：

> 想象是把事物看作可能性存在的能力，确认这一点当然并不意味着想象与理性存在冲突。在一定程度上，记住可供选择的概念以及对它们的充分性或适当性进行评价的能力，似乎是任何精细的理性活动的一个必要组成。(p. 42)

Mark Johnson(1993)赞同。在《道德想象》(*Moral Imagination*)中，他指出："人们教给我们，把想象……作为一种主观的、自由流动的创造性过程，不为任何规则所主宰，不为任何理性界定的概念所限制"(p. 2)，但他主张，把理性与想象做严格区分是不正确的，因为不存在那种脱离心理、情感、历史和政治束缚的纯粹理性仍可决定道德理性的事例。(p. 3)

我们可能开始把想象定义成批判性思考自身的一部分——这部分允许我们从一个新的、在此前未测查的立场审视世界和我们在其中的地位。正如 Maxine Greene(1995，p. 19)所解释的，想象是对允许我们设想未来生活的可能性的当下生活中偶然性事件的承认；是一种"把事物看作他们可能不一样的"能力。在 Greene 看来，想象对于学生为自己预想一个更好的未来来说是决定性的，因此，想象是一种个人的政治的解放的力量，也是一种充满情感和理性的力量。我将主张，想象也可以是一种认识论意义上的颠覆性力量，帮助我们产生全新的知识形式。

47　　如果想象允许我们从新的方式看待世界，那么它通过定义将为我们提供评价世界的推动力以及我们关于它的新观点。我将认为，看到可能性事物、不容易察觉的事物或如后现代主义者所说的"其余"的能力，(the 'other')是一种评价性能力。在《教学中的想象》一书中，Kieran Egan (1992a)提到这种能力，指出，看似为想象的中心的智力的灵活性有助于我们：

> 想象一种比普通范围更宽泛的状态或行为，即不存在的、伴随着从当下或传统描绘中逐字推测出来的状态或行为。在构想一系列不确定

的状态或行为时,想象力丰富的人会将之记在脑子里,考虑潜在的含义,评价它们的适恰性,或审视它们的特征,选择一个可能是最不寻常和最有效的定义。(p. 37)

作为一种评价性能力,想象可以帮助我们从自我、日常经验中独立出来,赋予人类经验新的批判的色彩——比如,艺术家每天做的一些事。当然,用独特的批判的眼光看待自我的机会——无论它是选择研究还是选择过日子——都具有情感的和智力的影响。尽管机会意味着选择,而做出选择——无论是专业上的还是个人的——总是一件情感的事件。

因此,我们开始看到,想象和批判性思维可以被界定为相互支持的能力。想象甚至可以被看作批判性思考自身的一个必需的组成部分。在《教育想象》(*The Educational Imagination*)一书中,Elliot Eisner(1985)探讨了我们所说的**批判性想象**在概念化、实施、尤其是课程评价方面的作用。Eisner提出了一种基于**教育鉴赏**的新的评价方法,即教师和研究者"用一种集中的、灵敏的和自觉的方式处理和评价教育生活中的意外事件"(p. 221)。他相信,鉴赏评价的方法将帮助我们弄清课堂中所发生的事情的本质,避免了机械化的考试驱动的评价策略,允许我们形成审视当前的教育问题的新的理论和模式。对于 Eisner 而言,教育鉴赏就是主观的、审美驱动的,但它也是一种包括描述、解释和评价的批判性行为(pp. 223 - 235)。

总的来说,当我们考虑批判性思维("批判性精神")和想象(经历新的可能性)的情感性组成,以及在批判性思维(保证和理性的评价)和想象(帮助我们假设可能性事件)中的评价性能力的中心时,似乎有理由提出想象和批判性思维至少在这些领域是紧密联合的。

当我们充满想象力地与批判性地思考时,我们是在用不寻常的方式探究熟悉的事物,用熟悉的方式探究不寻常的事物。想象可以帮助我们提出有关当前教育事件的新问题,帮助我们确定有待考察的新事件,同时,批判性思考以理性和慎重的方式提供了继续研究这些问题的工具。确实,正如 Bailin 及其同事(Bailin, Case, Coombs, & Daniels, 1999b)所指出的,批判性思维"总是需要设想可能的结果,产生新颖的方法,识别不寻常的观点"(p. 288)。

想象也会让我们产生评价教育研究的概念和实践的新方法,通过允许我们对这些工具使用情况的反思来加强批判性思维的工具。比如,逻辑推理需要想象,因为它需要我们在假设中工作,但接着我们需要不仅能提出获得结论的逻辑步骤,而且想象多种结论并检验它们。像批判性思维一样,想象不仅是一种产生知识的能力,而且是一种以知识为基础的能力(如 Robin Barrow[1990]所提出的),因为它预先假定能够分辨真实、可能和不可能(pp. 94 - 95)。

我相信,想象是允许我们发展亚技能的能力,比如评价,我们需要用之来评价范式内部和范式之间的形式、方法和知识内容。想象在"产生可能性事件"上也是必不可少的——我主张,这种产生是新知识和新范式之源。我们会说,批判性思考允许我们在确定的理论和范式范围内审查观念和理由,想象帮助我们审查那些范围。换句话说,批判性思考有助于我们在"盒子"内清晰地思考,想象允许我们在"盒子"外思考和评价。

正如我们在接下来的部分所看到的,建构新知识需要批判性思考和逻辑推理能力,也需要类似一种"想象性飞跃"的事物进入认识论的未知领域。这种飞跃(或踉跄或缓慢爬行)包含了超越只有理性分析能够带我们到达之处,但我们接着使用推理来分析我们所在之处,决定我们是处于产生认识论奖励(bounty)的领域,还是陷入产生模糊信念和混乱信仰的地方。我在后面考察了一些"飞跃"。

科学革命中的想象

49　　我们记得,对于 Kuhn(1970)来说,当现存的范式不再发挥原初的解释性功能时,范式转换就发生了。他是这样解释这个过程的:

> 发现是从对异常现象的认识开始的,比如,认识到自然会以某种方式打破由范式引发的主宰常规科学的预期的事物。然后,它继续对异常现象领域进行一种几乎扩大化的探索。只有当范式理论被改变以致异常现象变成预料之中的事情时,它才终止。(p. 53)

> 或者正如他更加吝啬的解释,在由一套特定规则主宰的游戏中发现的新事实或新现象需要详细制定另一套规则。(p. 52)

然而,科学研究者和哲学家规定它,在科学中很显然存在知识建构和范式结构(与解构)。恰如我在上文中已描述的,这些活动显然也需要批判性思考:

应用充分的理由,一种学科和背景的知识(决定充分的理由是什么),崇尚使用论据、理性审议,等等。由于批判性思考是科学方法的根源:观察、假设、实验、测试,引导规则和理论的建立。因而,批判性思考是科学必需的。我认为,这不是一个会引起诸多争论的断言。然而,如果我提出导致范式转换的革命性的(或非常规的)科学也需要使用想象,这会让人感到十分惊讶。

这引导我们讨论科学的本质是什么,以及为何在自然科学和社会科学中知识建构和范式结构在形式和过程上基本相同。在中学,我们中的一些人认为,科学与技术无关——做一些实验,其中总是包括诸如分解一只猪的眼球等令人不愉快的任务,就是表面上不相关的任务,比如平衡化学方程式。但是我们所认可的原因不是由于那就是科学的内涵,而是由于人们从来没有教育我们,科学真正是与观念有关的。正如 John Casti(1989)所写的,把事实分类并不是科学的本质(p. 11);科学主要也不是与发现答案有关。它——像探究的所有领域一样——是研究观念,并深入理解它们(p. 12)。

当一个有意义的发现出现了或一个新的理论或范式被研制出来时,想象与其他能力一样,帮助我们辨认新的令人兴奋的观念。一些观察者主张,事实上,最伟大的发现是在想象的帮助下或当一个人真正地"在盒子外思考"时产生的。Gerald Holton 在《科学的进步及其重负》(*The Advancement of Science, and Its Burdens*, 1986)一书中提出,Einstein 怀疑已经非常熟悉的或具有科学认可标志的每件事——由其他伟大的思想家,如 Copernicus, Galileo, Darwin 和 Freud (p. 91)提出的文化特性。Einstein 称科学的基本法则为最初的"人类思想的自由创造",其"在性质上完全是虚构的"(p. 121)。在一个题为"Einstein 和决定我们的想象"的很吸引人的章节中,Holton(1986)写道,最具创造力的科学家:

> 在释义上,不会通过收集由别人已经预制的和确证的材料来耐心地创建他们的概念。相反,他们……将手头现成的科学材料熔毁,再用同代人趋于认为极不寻常的方式重铸。(p. 115)

Holton 写道,Einstein 主要忠诚于:

> 他自己的信念系统而非现行的信仰;理解和发展人造自然及人类

观念的可塑性；最终证明，他所承诺的新的统一对于其领域中活跃的少数人而言，确实是明白易懂和令人信服的——他使它在正确的方式上全部"错误"；在那些极少的情况下，甚至发表观点，这些观点除了滥用和过分简单的表达之外，适合于在纪律界限另一边存在的同样崇高的想象的灵魂中进一步改编和转换。（p. 116）

但是，我们通常把 Einstein 看作科学思维的范例，Holton 认为，想象和道德勇气，也是 Einstein 挑战现代科学思维的特征。

哥白尼革命和 DNA 的发现也是被视为批判性思维和想象的结果的革命性的认识论发展的例子。在《科学的修辞》（*The Rhetoric of Science*，1990）中，Alan Gross 指出，从托勒密到哥白尼的范式转换，尽管不是缺乏记叙性的准备和正当的理由，但对于当时科学共同体中的诸多人来说仍然是一种震惊和一个不合理的断言，并且在一个多世纪中，哥白尼的学说只有很少的追随者。哥白尼的学生 Rheticus 尝试把这种转换解释为对托勒密天文学的一种自然超越，但他无法使论点成立，为此，Gross 写道，日心说是与理性差不多的意志的力量（pp. 101 - 107）。在这里，想象——可能是——和意志力占据了理性终止之处。这完全没有破坏哥白尼的理论。相反，它表明，在当时，他的同时代人不具有他的想象力，不能如他所能的进行想象。重要的是注意，他的想象也不是幻想，而是在感情和智力上跳出理性带他去的地方，最终到达理性——和理论——赶到的地方。

同样的，Oswald Avery 和他的同事在 1944 年得出了基因是由 DNA 构成的结论，诺贝尔奖获得者 Salvador Luria（1986）写道：

> 没有压力、竞争或突然出现的驳不倒的资料，促使结论发表……他展示出给一大堆混乱的资料强加上一种情感和理性的确定性的意愿。科学中这样一种确定性的资源，被那些主张确定性只是在无数的控制和尝试反证之后才到来的人看来，是不可识别的。Avery 展示的确定性更加类似于照明，一种突出智力飞跃的可能性的突然的情景。（pp. 29 - 30）

在每个例子中，从一种科学范式转换到另一种范式可以被看作同一种批判性思考的表达一样的动人的、冒险的练习。这不意味着，每次转换的背后没有几年——甚至几十年——的研究、论证和实验，而是一蹴而就。它需要意志力、智力飞跃、或甚至可能是坚持一种认识自然界的新的思维方式的行为。这些范式转换的实质是与基于批判性思维的、由想象产生的观念有关,这种转换已永远地改变了我们全世界的人性观。

教育研究没有什么不一样。然而探究的领域和方法可能不同,总体的研究努力基本上是相同的:探讨问题,并尝试开发出有助于我们理解的清楚的理论图表(范式)。

范式转换的故事

本世纪最有意义的教育范式的转换大概是质疑现代自由理论、呼唤平等机会,随之转向后现代批判理论。我不会尝试探讨这种转换的各个方面,正如 Pauline Rosenau(1992)在《后现代主义和社会科学》(*Postmodernism and the Social Sciences*, pp. 5 - 6)中所写的。后现代主义几乎批判了由现代主义带来的每一件事情——工业化、西方文明的积累、开放的民主制度、宽容、平等主义,中立的可能性和客观理性(在研究和生活中),元叙事(给少数事物命名)。我主要对自由主义的核心原则之一感兴趣:平等的机会,尤其是平等的教育机会,由于我相信,在很大程度上实现促进教育后现代主义发展的平等的诺言,是自由主义的显著失败。

自 17 和 18 世纪以来,从 John Locke 和 Jean-Jacques Rousseau 的著作到当代思想家 John Rawls 和 Charles Taylor 的作品,个体之间订立契约组成一个公民社会的观念已经成为自由理论的一个中心问题。由于公共教育可能是传播一般的政治和社会价值的主要媒介,因此,规定个体与个体之间及个体与国家之间的关系,规定他们在这些关系中的权利和责任,依然是哲学家和教育研究者的一种核心问题。

现代自由主义理论的核心价值之一和主要信念是每个个体应该拥有与其他个体平等的权利。的确,现代主义的前途——发展和机会——是建立在精英管理制社会中所有人机会均等的理想之上。但正如我们会看到的,由粗略回顾美国和加拿大过去 200 年或更久远的历史可知,这种理想还没有成为现实。尽管宪法保证、尊重人的权利,诸如堪萨斯州托皮卡市的布朗起诉教育委员会的法律案例(Brown v. the Board of Education of Topeka, Kansas)也已确保不平等的消亡,许多个体和团体已经历了基于人种、种族、性别、残疾,及"9·11"后甚至出生国家的机会不平等。20 世纪的观察者通过考察自由主义思想发现它是不合格的,以无可置疑的逻辑声称,一种承诺给所有人提供平等机会却将之只给予精选的少数人的理论实际上没有提供平等机会。与 Rosenau 概述的许多其他的现代自由主义的批评一起,这种批评促进了教育的后现代范式的产生。

正如我所指出的,范式转换不只是一种智力变化,也是一种情感变化。在这个例子中,它也是多方面的。它是从一种概念变化开始的:关于人们是如何看待北美的少数民族的变化。伴随着这种概念变化的是,我们用来描述少数民族个体的语言变化了。接着,学校教育实践,公共政策和法律改变了,教育研究开始反映那些发展。新的理论随后从这个过程中发展出来,挑战社会中现存的平等理论,最后一种新的范式产生了,它需要我们不仅重新界定平等,而且重新界定多元社会中我们关于"自我"和"少数民族"的定义。

直到完全进入本世纪,在美国和加拿大,人们认为许多有色人没有白人重要或有价值。我们现在所说的"本土的"(indigenous)或"土著的"(aboriginal)或"原住民"(First Nations)的个体和团体在人类学术语中被叫做"野蛮人",在法律和道德术语中为"没有地位的人",在政治术语中为"被剥夺选举权的人"(字面意义)。这些已载入 1895 年美国著名的"普莱西诉弗格莱案件"(Plessy v. Ferguson)之中。Homer Plessy,有八分之一的黑人血统,八分之七白人血统,他在搭乘列车时因为拒绝坐在有色人种的车厢而被捕。在审查这个案件时,最高法院判决,即使人与人是平等的,但隔离设施仍是可以存在的。这样,"隔离但平等"的原则诞生了。

直到 1954 年,布朗起诉教育委员会案对于"隔离但平等"的做法给予否决。这可能是美国为公民权利而战斗的历史中最重要的事件,确定了在这个案件中种族隔离设施、学校在概念上是不平等的。与之相关的案件和历史众所周知,但我们如何才能解释法院在余下 50 多年里在观点上发生的彻底转变? 每个裁决的法律依据都是一样的:1868 年颁布的宪法第 14 条修正案中指出:"国家不能制定……任何限制言行自由权的法律……在缺乏适当的法律程序的情况下,也不能剥夺任何人的生命、自由或财产;不能忽视任何人在其司法权范围内法律对其提供的平等保护。"(Spring,2000,118)

当然,法院是由诸多个体组成的,不考虑他们的经验、对法律的理解以及他们支持它的誓言,正如 Mark Johnson(1993)提醒我们的,虽然如此,他们是在特定的心理、政治和历史的背景下做出法律判决的。对于各种审判而言,背景是不同的。因此,我们通过提出由 12 个人组成的两个小组不会用同样的方式宣判同一个问题，或者我们可以简单地说"就是这样"，来尝试解释这种观点的转换。但是布朗一案的判决具有重大历史意义，因为它正好反映了一种对于美国黑人的价值和态度的根本转变。

当被奴役的人——用后现代的术语，即"他者"——被看作没有地位的人时，奴隶制度才是可能存在的。当那些被隔离的人被认为不如多数人重要时，"隔离但平等"的原则才是可能的。因此，为了让布朗存在，少数民族的概念——和个体的概念——不得不发生一种有意义的转换。在某种程度上，它需要为此前一群没有地位的人设计一种不同的概念和不同的生活的想象能力。它也意味着美国黑人的自我身份（和公众身份）应该转换了。当然，这种转换不会在片刻发生，它在美国黑人的经济、政治和教育状况出现有意义变化的背景下产生。但它是一种较大的概念和想象的转变——一种道德勇气的表达——从根据肤色识别一群人、并把他们视为不完全的人，到规定那群人不再被肤色所限制，他们作为一个完全的人的权利确实必须是不可侵犯的。

除了形象和概念的这种逐渐变化外，涉及黑人的语言、政策以及实践也发生了变化。"nigger"（黑人）这个词语变得无法接受。它被"colored"，然后"Black"，以及后来"African American"（尽管对于团体成员是用"Black"还是用"African American"更加合适存在一些争论）所替代。使用的术语反映和加强了形象的改变，同样导致了随后的法律变化，比如，1964 年国民权利法案，用公共汽车运送不同种族的学生来打破学校的种族隔离，最近稍有争议的反歧视行动的实践。但是这种变化最重要的是个体有权利决定他归属于哪个团体以及该团体将如何被命名的观念。

随着这些概念的变化，公立学校的政策和实践也改变了。有吸引力的学校被创建起来，旨在提供一种同时吸引白人学生和黑人学生的高质量的、间或专业化的教育，因此，促进了种族隔离制度的"自然"废止。课程开始容括少数民族学生的历史、语言和经验。自 20 世纪 60 年代始至今，公立学校中有关少数民族经验的各方面的学术研究迅速扩大——从教学方法到持续的种族隔离、跟踪、评价和课程——真正致力于公立教育的所有方面的问题。

从法兰克福大学的 Adorno、Horkheimer、本世纪早期的 Dewey 到 Gramsci、Freire 等人，对自由主义无法提供平等机会的批评，为教育中激进的多元文化、后现代主义基本理论的发展提供了丰富的思想背景。这些理论声称包括一种可能性语言,这种语言不仅来自经济、教育和社会压迫的字面的锁链,而且来自允诺很多的自由主义理论的认识论的范畴,但它引起了激烈争论,几乎没有传达什么观点。

　　Adorno 和 Horkheimer 担心,自由主义的理想尽管强调平等、自由和进步,但只是另一种与个人有关的思想体系,使人相信他或她是自由的。当代观察者,比如 Peter McLaren、Ira Shor、Henry Giroux、Stanley Aronowitz、Michael Apple 和 bell hooks,运用多种批评的、后结构主义、后现代主义、新马克思主义和女性主义的策略解决不平等,也继承了 Adorno 和 *55* Horkheimer 的评论,主张自由主义像所有的"元叙事"一样,是建立在一种允诺他或她解放、但最终奴役个体的不容置疑的自我概念之上。这些理论学者主张,我们需要超越对简单公平的宣称、并把权力和差异的概念带入理论和实践中,并且活生生的经验、语言和被压迫团体的历史必须成为机会平等和社会公平等概念的一部分。

　　在《学校的生活》(*Life in Schools*)一书中,Peter McLaren(1994)为北美公立学校的现状而悲痛,提出"自由和平等已经成为历史仓库中遍布尘埃的遗骸"(p. 4)。他像 20 世纪 80 年代为争取回归传统价值和个性教育、取消反歧视行为而辩的新保守主义者那样,批判了关于学校教育的新自由主义的报道,他认为那些没能指出学校面临的主要问题。正如查尔斯·泰勒(1992)所指出的,由诸如 McLaren 的观察者提出的指控是,"盲目的"自由主义(这种思想主张无视差异的平等待遇)自身是对特定文化的反映,因此,假想的公平社会只是定义上的,实际上是高度不平等的。

　　这种范式转换的核心部分可以概述如下:首先,"隔离但平等"的做法被废止了;第二,自由理论及其机会平等的诺言作为重要的原则被重新认识;第三,在明显缺乏平等机会时,自由主义经过评估发现不合格;第四,后现代主义理论是从对这种现代自由主义的评论中发展而来的。为了清楚起见,我已使这个结论变得很简短,但重要的是记住,这些是智力和情绪的巨大转换。教育已经从一个黑人学生遭受忽视的领域转换为黑人学生成为前沿和中心的领域,从关心平等是次要的领域转换为平等是绝对关键的领域。

　　另外,评价占据社会组织如此大以至它几乎难以看见的理论(自由主义),在一定意义上,需要能够站到当前范式之外来加以审查。超越当今的思想、设想一个所有人都真正拥有平等机会的世界,需要想象力——这种帮助我们看到事物的可能性状态和新的形式的能力。最后,提出了一种全新的看世界的方式,这无疑是想象的业绩,也是批判性思考的功劳。

只有相当于一种智力飞跃的事物才能允许我们在现代主义范式的范围之外思考,并质疑其核心的假设。没有后现代主义,我们也不可能把现代主义当作一种元叙事。最重要的,可能是后现代主义对我们社会自我的概念提出了质疑,提出社会身份和社会自我的概念远比我们想象的复杂。在这里,我们看到了想象在帮助我们质疑公认的知识基础、从而为新知识的创造奠定基础时,是如何具有认识论上的颠覆性意义的。

但是一种新范式自身不可能免于批评的影响。我要顺便指出,一个人会识别许多后现代主义教育理论的局限:比如,它只是一种对现代主义的评论,而非一种新的范式;或者,它自己就是一种元叙事;它可能过于依赖权力的概念,毫无疑问,它大部分是用人们难以理解的过于神秘的语言来表述的。后现代主义理论者自己必须运用他们应用于自由主义理论的同样的想象性和批判性思考,检查他们自己的理论并澄清其指导原则——在它像黑洞一样爆炸之前,处于巨大的认识论虚无的压力之下。

无论它具有怎样的优点或缺点,后现代主义教育理论使我们对我们基本的政治和教育理想提出质疑,有助于我们从新的角度看待自由理论。我们是否采纳这种新的视角,取决于我们中的每个人,但获得一种关于理论和实践上平等的新视角只会加强我们对于它的理解。如果我们记得Lacatos所提出的观点,即只有当一种范式的核心概念受到威胁时,它才处于崩溃的危险之中,那么,人们就会友好地建议自由主义者关注他们的批评者。

研究和教学的内涵

我已声称,想象和批判性思考与范式发展和评价有关。他们在一起能成为社会科学研究和教育研究中的一种革命性力量,而不只是进化性力量。想象性思维也是勇敢的思维,因为它要求我们能够评估我们所偏好的研究理论和研究方法的局限性。正如 Stanley Aronowitz 和 Henry Giroux (1985)在《围困中的教育》(*Education Under Siege*)一书中所指出的,"如果我们想要培养一种能够自主构建民主公共领域的创造性公民,那么课程和学校组织必须讲想象,不要由于担心违背现行的秩序而寻找技巧来替换它" (p. 20)。换句话说,我们不必害怕冒险进入未知领域,因为那是我们能探索改善我们生活和我们学生生活的可能性的地方。正如 Maxine Greene (1995)提醒我们的："一旦我们把我们的假设看作可能发生的事情，我们就有机会假定非传统的生活方式和价值方式，并做出选择。"(p. 23)

但是如果我所主张的观点是事实的话，那么对于研究和教学而言又意味着什么？它表明，我们只能通过不断地审查我们在特定范式中的工作和范式自身来发展知识。事实上，在我看来，如果我们希望评估范式的解释能力；决定那些能力是否充分；如何、何时或是否发展除它之外、其他供选择的范式，那么在规定的时刻对一个范式的适恰性进行多次评价是非常重要的。这种对主题、方法和理论的分析研究似乎需要思维的灵活性、生成性以及表明想象力和批判性思维的评价技能。

当然，检测范式转换的一个困难是尝试确定一个范式处于当下历史时刻的具体位置。我们是在一个真正的后现代主义时代吗？后现代主义教育理论是一种时尚吗？它提供了真正的自由和进步（很好的现代观念）吗？这些是很重要的问题——要不是另外一天（but for another day）。我确实相信，现代主义——以及学校教育和不平等的现代自由概念——由于受到后现代主义的挑战而重新变得生气勃勃。但是从革命性的知识建构的过程（也是该章的重点）来看，我相信，可能有一个最初的概念转换到后现代主义思想，但现在在两者间有一种张力，好像它们在跷跷板上保持平衡。谁知道这种平衡在未来将如何转换？这次讨论中最重要的意义大概是，了解这些理论的张力、约束、限制——和可能性——是绝对必要的，这些了解只有当我们同时运用想象和理智时才是可能的。

当然，这种理论平衡杆意味着，我们处于不相当的或相互竞争的范式之间的不舒适的位置。然而，这样的一个积极结果是，教育研究者被要求更加充满想象力地探究我们自己的研究领域，检查我们的理论假设、我们探究的原因、我们的方法、我们想要的结果、我们研究的应用、我们宣称其在教育中的实际价值。事实上，我主张，如果一个范式在一个很长的时期中占优势，它可能是研究共同体总体上缺乏想象的一个标志——将之评定为挑战范式的新的（异常的）知识和新的洞察力的想象力出现了。

从教学的角度来看，我们必须在公立学校中培养想象性思维和批判性思维，以确保科学和社会科学研究的认识论的健康。要求填空或在选择题中获得"正确"答案的课堂作业，不是有助于开发这些技能的练习。我们必须确保想象和批判性思维在我们课堂中的优先权。在批判性思维的指示下会有无数的能力产生,包括发展横向思维和纵向思维,识别论点的假设,从一个文本或争论中生成问题,解决开放性或封闭性的问题和我们早期识别的用具:一致性,中立性,应用评价论点的公认的标准,对观点和信仰提供有把握的支持。

我已提出,想象和批判性思维在知识建构中是紧密配合的,因此,正如Maxine Greene(1995)所提出的,作为教师,"提出问题,找出解释,寻找原因,建构意义"(p.14)。通过这样做,她说,教师帮助学生(他或她自己)"从日常和普通状态转变"为不寻常的和意外的状态、甚至会出现奇迹。还记得Harvey Siegel 的观点,要发展那些能力既需要技能又需要天性。Matthew Lippmann 的儿童哲学是有助于培养这些天性的计划的实例,Kieran Egan(1997)在《受过教育的心灵》(*The Educated Mind*)一书中描述的"教学"概念,说明了如何确保想象与学习过程的所有方面相互关联。

最后,这场讨论最重要的含义之一是,它强调了发展评价性技能的重要性。在布鲁姆的教育目标分类学中,评价是认知教育目标的最高层级。我相信,如果批判性思维和逻辑分析是评价的基础,想象就是促进评价的灵感。想象允许我们假设什么是可能的;批判性思维有助于我们凭借那些可能性进行推理,评价既有助于我们评定那些过程的质量,也告诉我们是否我们的假设和推理导向了有益的结果。

在这一章中,我主张,批判性思维和想象性思维是相互促进的技能,两者通常都是教育和社会科学中范式间知识建构所必需的。尽管我在概念上分开讨论了批判性思维和想象性思维,但我相信,研究中的下一个步骤应该是对把想象作为其主要能力的批判性思维的概念进行重新界定。

结   论

我将以开头提到的 Richard Feynman(1999)的话来结束,即:"我们作为科学家的责任是……教授人们如何才能不害怕疑问、并主动迎接和讨论疑问,要求这种自由成为我们对于后代应尽的职责……如果我们想解决我们以前从未解决的问题,我们就必须让大门为未知半开着"(p.149)。而那扇门是由想象来打开的。

第二部分　想象和教育实践

第四章　数学课堂的情感与认知之重组：
想象的作用

Peter Liljedahl

在做数学的过程中，想象发挥了什么作用？这个问题有答案吗？笔者在本文中将从一些具体的解决数学问题的实例展开论述。然而，展开论述前，有必要慎重地审视一下笔者在这个令人费解的数学领域里究竟在寻求什么？准确地说，想象性数学应该是什么？要回答这个问题，不先确定**想象**这个概念，似乎有点冒昧。在此笔者声明，本文将论证，在对数学问题的思考过程中，想象发挥着比其他体验更为重要的作用。

做数学：问题解决及构想

曾经有则广为流传的趣闻，设想一下，假如有一个人正在绞尽脑汁地思考数学问题，他坐在那儿，有点不修边幅，疯狂地在一堆纸上涂鸦着令人难懂的文字和图表（Kasner & Newman，1940）。狭小的办公室里，书桌被淹没在胡乱写画的一堆堆纸张和书籍里。偶尔，他会停下笔，在屋里踱踱步，自言自语一番，或许在重回摇摇欲坠的书桌之前，他还会在书写板上留下一串符号。这也许是好莱坞影片中对数学家的夸张演绎，但是，这种人物并非不可遇（Andrew Wiles and Fermat's Last Theorem in Singh，1997）。

诚然，笔者做上述描述的目的并非要评价好莱坞影片中数学家们怪异的形象，而是想强调一种难以言表的模棱两可性。这种情景是在刻画某位数学大师正在构想数学问题还是刻画一位正在解题的学生呢？他们之间存在不同吗？整体看来，一位涉猎全新领域的数学家是要解决前人未曾解决的问题，而认真迎接挑战的学生似乎正小心翼翼地探寻前人的足迹。然而，从局部范围来看，两者没什么不同。他们都涉入了不曾熟知的领域；在学生解答几何或代数难题与数学家们进行数学构想这两个问题之间，人们唯一能肯定的是数学家们在为数学工作，而学生是为自己在进一步解决新的难题。（Hadamard，1954，p. 104）在笔者看来，数学问题解决与数学构想两者之间难以分辨。因此，笔者认为这两个过程相辅相成。

笔者把论述目标缩小到数学问题解决后，首先要讨论的是数学问题解决领域两个清晰且对立的过程：设计与创造。

通过设计解决问题

设计从广义上可定义为计算程序和推理路径(Rusbult，2000)。设计过程一开始就有清晰确定的目标或对象，从这一点看，这个过程有耐于过去相关的经验，布鲁纳定义为全部才能(Bruner，1964；Schon，1987)，可能产生能解决问题的多种选择方式(Poincaré，1952)，然后，对这些选择通过有意识的评价过程(Dewey，1933)进行测试，来确定他们的可行性进而达到最终解决问题的目标。简单地说，通过设计解决问题就是从已知方式中推断出解决办法。这样看上去有点过于简单化，但是如果你考察任何启发式解决问题方式(Burton，1984；Mason，Burton，& Stacey，1982；Polya 1957)，这个问题就不言自明了。

然而，有人会认为通过设计方式所解决的问题不可称之为问题。Resnick 和 Glaser(1976)将问题定义为无法用经验来解决的事物。从字面意义看，用以往丰富经验所解决的"问题"不符合一定级别的"问题"并进而降级为"练习"，通常，数学家们也不认为这些"问题"是有问题意义的。Dan Kleitman 陈述道，"任何通过一定努力就可明白如何解决的问题，都只是常规问题，而不能称之为重大发现。"(Liljedhal，2004，p. 98)他进一步指出，要想解决一个真正数学意义上的问题，"你必须通过艰苦的努力去尝试且经历失败，然后通过突然的灵感或直觉抑或所谓的运气加以解决"。谈到的突发灵感是不期而遇的，突然闪现的领悟，循着这种灵感去找到解决办法，这也是创造性解决问题程序中的顶峰状态。

创造性解决问题

这个"灵感突现"(Davis & Hersch，1980)过程似乎无处可寻，可是大家都熟悉这种感觉，就是突然有了某种感觉或解决办法。在那个"魔幻时刻"(Barnes，2000)我们不仅迷恋于一种豁然开朗的感觉(Fischbein，1987)和清晰的理解(Polya，1965/1981)，还夹杂着一丝喜悦感(Rota，1997)。我们都曾记得这些时刻，并认可这些时刻在自己思考和学习经验中的真实权威性。这些时刻不免让我们联想到当我们阅读一些杰出思想家(Poincaré)和艺术家(Coleridge)的自传时，时常读到这样的一些故事，讲述着他们体验到的灵感时刻，时而无意识地豁然开朗，时而极度兴奋。

正当我迈脚上楼梯时，突然有了一种感觉，这种感觉在我先前的思考中从未出现过，可又是循着我的思考而至，我并未核实这种感觉……但我觉得绝对可信。（Henri Poincare，引自 Hadamard，1954，p. 13）

如果那的确可称之为作品，那么在创造过程中，一些形象突然出现在他的面前，并伴有相关的表情，创作者却感觉不到自己的努力。（Coleridge，引自 Kubla Kahn，1816，p. 2）

以上所引用的只是这种现象的巅峰状态。虽然创造性解决问题的显著特征是突然获得清晰，然而，这个过程由四个部分组成，这四个部分从解决问题的时间顺序展开——起始阶段，潜伏阶段，明示阶段，证实阶段（Hadamard，1954）——其中，明示阶段只是其中的一部分。

在解决一道数学问题的过程里，起始阶段是有意识地涉入这个问题，在这个阶段，解决者通过设计过程介入问题。在整个解决问题的过程中，设计过程很重要，因为它产生一种未解决问题的紧张情绪，这种情绪在明示阶段得到释放。解决者在第一个阶段，未能解决问题，就进入第二个阶段，即潜伏阶段，在这个阶段，停止有意识地思考（Dewey，1933）。人们普遍认为，在这个阶段，解决者仍在潜意识里思考问题（Poincare，1952）。经历了不同的潜伏期，突然意识到问题的解决方法，这就被称之为明示，并伴随着确定感和其他的情感体验。至于是什么把感觉推进到清晰的意识还不清楚。以下是关于这种感觉的审美品质的一些理论描述（Poincare，1952；Sinclair，2002），认知过程中有效的惊喜（Brunner，1964），进展顺利（Whittlesea & Williams，2001），让大脑休息（Helmholtz，引自 Krutetskii，1976）或打破功能固着（Marie，引自 Ashcraft，1989）。然而，在本文笔者无法从这些理论中得到启示。明示阶段后紧接着的是证实阶段，这更像是对感觉的测试，也像是对解决者思想正确性的核实。然而，对正确性的核实一定要得到保证，虽然，我们感觉到了确定性，但是，经过仔细测试，也往往显示出它的不确定性。

广义上的创造性解决问题过程与狭义上的灵感突现现象都不是杜威所指的"逻辑形式理论部分"（Dewey，1938，p. 103），而我们通常认为逻辑形式理论与数学思考相关。事实上，两者是对立的，与前文提到的通过设计解决问题不同，创造性解决问题是一种玄奥的、不可观察的现象。它不属于逻辑范畴，严格说来，它又与直觉不可分割。

从根本上说，直觉可视为"预感"（Bruner，1964），然而，进一步考察直觉显示，直觉有着工具性的依靠特征（Beth & Piaget，1966；Fischbein，1987），这个过程，情境很重要。比如说，在解决问题的过程中，直觉可指引你寻求的方向。在评价一种解决方式可行性的过程中，直觉可作为一种评价形式。Fischbein（1987）认识到了直觉的功能相关性并根据其作用进行分类。他把一种提供方向的暗示称为肯定的直觉，还进一步区别为有根据的和个体的直觉。Fischbein 将迅速评价确定为一种推测性的直觉，并声称专家们在无意识状态下根据一些并非重要的信息做出的评价。Fischbein 还提到了第三种直觉，预期直觉，第四种直觉，确凿直觉。他把这些统称为问题解决直觉，与明示阶段的特征一致。

然而，在笔者继续讨论想象之前，有必要从文学角度澄清上述现象——创造性解决问题，明示和直觉——并附带没有多少一致性意义的想象，领悟和审美现象。他们总是被无序地使用，不加确定地谈论一些情况，这些情况65 都远离了逻辑理性。当把他们组合到一起时构成了所谓的数学超逻辑程序，这个程序与它出现的情境密切相关，并且能对这些程序的真实性进行层级区分。在以上文学实例中，这些个体事例之间存在着矛盾和重叠。因此，笔者尝试着设定一定的工作情境，试图从解决数学问题的角度来对想象的作用进行讨论，让这种讨论变得更加有意义。

想象在问题解决中的作用

在我开始讨论这个问题之前，有必要澄清一个直到现在还没弄明白的问题，也就是数学问题的生成及数学问题的呈现两者之间的矛盾。正如前文所描述的，数学问题有着创造性的根基，超乎逻辑的启发与直觉。然而，数学问题一旦生成，"它就被冠以一种符合逻辑的形式主义般设计的线状推理中，目前，这种理念支撑着数学界"（Borwein & Jorgenson，2001）。这种呈现新数学的方案不仅歪曲了数学的人为性，而且也错误地理解了"做"数学的意义。当然，在一些逻辑推理理论的案例中，足以看出新数学问题的形成过程，在这些案例中，"做"数学也被归类为逻辑的和推理的。然而，正如在创造性解决问题章节中描述的，这种逻辑的和推理的理性特征总是不那么充分。在这些事例中，更加依赖超乎逻辑的程序去解决问题或促成新的数学的形成。因此，说"做"数学总是逻辑的和推理的准确的。不过，这种想法的存在有助于我们去理解想象的负面作用，想象时不时地参与数学问题的解决。

在数学领域，推理是得到普遍认同的，仅就这一点就足以把数学推到一个毫无疑问的确定性的高度。想要调和推理与想象在数学问题解决中的关系是很艰难的任务。

> 理性确实取决于想象，尤其是运用得恰到好处的想象，这种想象很容易引起人们忽视理性的作用，特别是处于想要不想要的状态（Perkins，1985，p. 14）

然而，有着认为很难调和推理与想象的人的想法是因为对想象的理解存在欠缺，他们很幼稚地对想象作出一种更加非正式的理解是出于自己所在的位置（Greene，2000）。还有根据自己的经验做出的似乎令人可信的言辞（Dewey，1933；Whitehead，1959）。

66

从表面来看，这似乎与通过设计解决问题没什么不同。两者都依赖于人们用经验来帮助他们推动问题的解决。然而，两者之间仍存在两个主要差异。第一是经验的意义。对于设计，经验意味着问题解决者曾经经历过类似的情形。对于想象，经验并不意味着曾经拥有或相关性，而仅是可构思的。第二个典型的差别在于想象与设计的区别，设计的合理性是可评估的，在设计解决问题的情形中，可行性已被问题设计者进行了有意识地评估；而在想象的情形中，可行性被无意识地评估，即直觉推测。（Bruner，1964）。正因为此，想象的实际价值在于：能够跨越一系列有组织的思索、既定的发展阶段，并经常使得想象者跨越式地达到目标（Kasner & Newman，1940）。

然而，如前所述，不应该被动地让想象牵引而异想天开地思索问题。数学家们在想象上都有着很多的自我控制经验。他们经常应用这种方式寻访数学领域。这些领域能够通过熟悉的路径或探索式地沿着不熟悉的路径达到。他们想象着下一个目的地和那儿有什么受人尊敬的数学家 Enrico Bombieri 在文中描述过：

> 可以这样说，我对于数学的看法是，数学不仅是一种理论，更是一种问题的解决方式。亦即，我不是一个突发灵感的建筑师或城市规划师，更不是一个画家。我研究的方法是寻找数学的佳地，关注我喜爱的事物，评价我的兴趣，然后努力来想象下一步。如果你看见一座跨过江

河的桥,你会试图设想对岸的事物。如果你看见有着两座山峰的山脉,你会设想并确信看不见的山谷之中必然存在着某种事物。这样,对于我而言,发现的第一步就是选择一个吸引我且存在着有意义的问题的领域。一个人如何确定什么是有意思的? 通常,这种本能的意识仅在一瞬间发生。(引自 Lijedahl,2004,p. 122)

67　　　然而,简单的想象达不到这样的效果,创造任何事物之前对想象的认识是必要的,正如 Igor Stravinsky(引自 Root-Bernstein & Root-Bernstein,1999)严格地指出:

　　　　应该预先构想,并且不应受构想的迷惑,因为构想行为意味一个幸运的发现或充分地实现这个发现。我们所想象的并不必然呈现出一种具体的形式,可能会以一种虚拟的形式存在。然而,构想脱离其实际的创造过程则是不可设想的。这样,我们应该关心的不是想象本身,而是创造性的想象,即我们能够从概念层面上升到认识层面的能力。(p. x)

　　想象不仅是创造过程的一部分,也是一个重要的、必不可少的部分。一个新过程的想法可以通过想象力得以建立并得到探索。无论是抨击的想法或目标都来自于超逻辑过程或逻辑过程的合理性。其可行性必须得到评定。评价的方案如同通过设计手段来解决的问题一样可以在实验中得以完成(Barbeau,1985),这一观点可以用于能够用设计手段来解决的问题和创作力问题的解决,并且,在一些情况下,这仅是对我们适用的唯一原因。

　　当数学变得如此抽象以至于有形的模式和隐喻的理解变得一无是处,而剩下的那些即是想象力,能够想象事物在环境中的变化是一种重要的方法,了解事物的另一面就显得更加重要。Maxine Greene(2000)将想象力定义为从不同的角度看待事物,在数学解释中,非欧几何的创立便是一个极好的例子,我们可以说是几何学的一种完全、完整的替代,这也是一种想象的例子。数学家们质疑 Euclid 几何学中的第五个假设。他们有能力质疑长期建立起来的数学元素的现状,敢于按照与现状不同的思路设想事物的本质。这种质疑的方式在提出一种问题时是开始问题探索的基础(Brown & Walter,1983)。这种形式的问询在于使用一种系统或结构的质疑方式来获得另一个层次的真实质疑,即希望通过提出的问题,学生们将真诚地参与解决问题。想象是作为一种系统性的方法来促成一种新的有意义的而值得进行数学探索的思想。

考虑想象在问题解决中的作用依赖于我们如何创造性地解决问题的方式。也许会有人说，每个问题都有着独立的语言表达方式，而这种语言的特征与框架又与问题本身有着特定的关系。同时，它在学生中间以最不易引起争论的形式显现出来。没有学生的参与，这种讨论则被称为自我言语。问题在于，自我言语存在于个人自我思想的神圣境界。也只有通过分享，我们才能探究在个人的自我对话中会发生什么。然而，正如前面描述的，自我言语的真正原因难以探求。数学家们擅于以逻辑推理的方式真诚地表达他们的归纳和总结。事实上，在我所有有关创造性解决问题的文章中，我仅给出一种解释，即我会真实地分类，这样，我们能看见想象和自我言语彼此之间的关联性和互补性。

想象和自我言语：道格拉斯的案例

道格拉斯不是一位专业的数学家，他是一位认知科学和计算机科学的大学教授，还是一位兼职的历史和自然哲学、哲学、比较文学和心理学方面的教授。他以专著《哥德尔、艾舍尔、巴赫——集异璧之大成》①(*Gödel, Escher, Bach：An Eternal Golden Braid*, 1980)而知名，他曾经因此而获得美国国家图书奖和普利策文学奖。尽管他不是专业的数学家，但他已经在一个较高层次上有很高激情地进行有关欧几里德几何学方面的研究。他对创造力和意识方面保持着持续的研究兴趣。他也对追寻自己在细节方面的创造性有着独特的兴趣，而这些方面对于其他的数学家而言是无与伦比的，其他数学家往往不愿将这些方面的思考进行相应的记录。他也在《几何学转向：教学与研究的动态软件》(*Geometry Turned On：Dynamic Software in Learning，Teaching，and Research*)(King & Schattschneider, 1996)的一个章节上《一颗几何学宝石的发现和切割》(*Discovery and Dissection of a Geometric Gem*)，以一种引人入胜和明晰的方式介绍了数学创造的故事。

由于几个方面的原因，我不会仔细剖析整体章节。首先最突出的原因之一是由于需要不可估计的时间和空间；其二，尽管可能存在不少有意思的

---

① 中译本见郭维德等译：《哥德尔、艾舍尔、巴赫——集异璧之大成》，商务印书馆 1997 年版。

段落在整体上会涉及创造的过程，但我仅仅关注那些直接有利于有关想象和自我言语部分的内容，即有利于更好地理解有关数学问题的背景。

道格拉斯最近才逐渐对欧几里德几何学产生深厚的兴趣。他从未接触过三角形的欧拉线知识，当他一了解到这方面的知识时，有两件事情深深地吸引了他。一是似乎毫不相干的两个部分之间的关联性，二是内部事物之间的排斥性。他试着就欧拉线和三角形内部之间的关系问题进行了相关研究。研究结果发现存在一条和欧拉线类似的曲线，这种对称性促使他的研究方向更加集中，并最终创造性地提出了类似于前两条曲线的第三条曲线。沿着这种思路，他不仅发现在三角形内部和欧拉线之间存在着某种关系，也发现还存在着一些更有意思的一些已知点和未知点。对于不熟悉这些术语的人来说，这些可能是无稽之谈，然而，我之所以要介绍这些内容的意义不在于这些特别的数学术语，而在于道格拉斯研究或介绍的方式和内容。

道格拉斯在介绍这些故事时，他采取了三种不同的声音，即集**叙述者、参与者和数学家**三种角色为一身。笔者指出这点，在于通过这些方式将这些轶事有趣地通过不同形式呈现出来。为更好地解释这些，下面首先对这些形式的作用进行界定。

例如，他经常引用一些丰富的词汇，如"然后"（*and then*）或"我开始"（*I start*）等。他也在细节描述方面引用一些非数学的语词，似乎为了揭示上下文或背景的目的。参与者身份描述的是当时的实际情况。这种方式揭示了一种在体验时偶然涌入道格拉斯的情感和思想的东西。数学家身份的表达方式表现了在这整个过程中数学不仅是真实的而且是值得讨论的，并成为一种合理和理性描述的支撑。三种不同形式的应用有助于区分分析手段和简单轶事揭示的关系，也成为一种必然的结果。我从此人对于这个章节的分析中应用的推断方式可得出：

- 从所能触及到的最广泛的意义和思想体验的角度来看，想象对于**叙述者**这个角色而言是显而易见的。
- 从故事意义的角度来看，想象对于**参与者**这个角色而言是显而易见的。
- 从任何意义角度来看，想象对于**数学家**这个角色而言是完全缺乏的。

在前面的章节里我已经论述了从所能触及到的最广泛的意义和思想体验的角度来看的想象，因此在这不再重复。下面我将重点关注第二个环节，即参与者的想象。

直到现在,我还未涉及到想象在故事描述中的功能,即故事的创造性。这种思想曾经在 Kieran Egan(1992b)的有关"引进想象"作品中有所描述。我不再进一步讨论这方面的细节问题,但我认为它是描述性的和武断的。在表 4.1 中,我用这种框架,从描述的角度分析了这第 6 段,在这部分,参与者的形式随处可见。

表 4.1   *71*

参 与 者	注 释
表 1 表明了最后提及的易被遗忘的内接圆心(1)同样重要,虽然我深爱欧拉线段,可我对于自己总将内接圆心排除(2)在外很迷惑,总觉得这个圆心与那四个点相关(3),抑或它有着自己的朋友圈(尽管可能有一些,然而我却没有预感到)	内接圆心(1)被当作我们的主角,一个"被遗忘"的符号,它必须在"囊括"与"排除"(2)、"有关"与"无关"(3)二元对立中重新定位自己而奋斗
尽管我知道这一发现如法案一样久远,既然我把内接圆心放回到与那四个点共处的团体(4),是值得共处的(5)团体中,所以对我来说这个发现是一个宽慰。虽然如此,它也并非如我所想的那样有价值并发挥其中心(6)作用,我还由于其失衡(7)和不公正(8)而有点不安	对于内接圆心作为英雄与团体(4)中其他的四点共处(5),这是隐喻的一个事例。对于内接圆心是三角形众多圆心其中之一这一事实的强调已通过文字游戏成立。(6)并且,我们的主角尚未彻底地在"平衡"与"不平衡"(7)、"公正"与"不公正"(8)二元对立中重新定位自己
通过浏览库立奇书中的第一章(这本书足以让我觉得自己的卑微),我在书中发现的一些观点足以让我窒息。这本书中提及的第二条线段(9)显而易见是对欧拉线段的一个回顾,而且也对其进行了深刻地类比	一个新的符号将被介绍,一个新的线段(9),它原是我们的主角,内接圆心的朋友
我非常高兴,重新赋予了内切圆心的荣誉(10),与此同时提升人们对于 Nagel 点的尊敬(11),高过于我之前所提到的那样。我想知道(12)"为什么不赋予我们想象中的第二条线段一个正式的名称(13)?"为什么两者未能被几何学家看成平等的事物来对待?(14)"	将关于荣誉(10)和尊敬(11)的卓越的人类品质分别赋予内接圆心与 Nagel 点。同时,新线段的美妙特质被表达出来(13),并促使他想知道(12)为什么它被当作"平均"与"不平均"二元对立的失败一面(14)
我想,确实还有比这更复杂的事。在数学学科中,这样显著(15)的和错综复杂(16)的类比并非偶尔(17)出现,必定有其原因所在(18)	新线段的美妙特质正继续被表达出来(15,16),又一次促使他想知道(18)为什么它被当作"意外"与"偶然"二元对立的失败一面(17)

参 与 者	注 释
我感到困惑。为什么这条相伴(19)的线段，我开始将它命名为 Nagel 线段(20)，在我发现它的外围终结点是却遭到我的忽视(21)呢？它真的不如欧拉线段(22)重要吗？或许是否因为正是它被发现才使得人们开始失去了对这种几何(23)的兴趣？我禁不住反复思考着两条线段，它们彼此分割着对方，这种影像始终回荡在我的脑海中	关于友谊(19)和忽视(21)这些卓越的人类品质将被重叠在新命名的线段上(20)。疏忽的原因又一次被思考。(22,23)

当参与者的表现形式在这段中消失时，道格拉斯自传性的故事至此结束，代之以通过自述者和数学家的表达方式来揭示他所做的数学发现。如果"故事描述"是想象的一项成果，并且从上文看，似乎也是这样的。那么，当我们考虑问题解决的行动方案时，想象在自我言语中起到了非常积极的作用。道格拉斯的涉入，清楚地显示如何能做到这一点。

至此，我已经讨论了想象在一些数学实践中的地位，也就是说我已经明确了想象存在的意义。接下来，需要进一步讨论的是想象在数学描述中的角色定位，以什么方式来增进经验或避免思考的机械化。显然重要的体验是数学课堂。

课 堂 想 象

将数学课堂普遍作为排除疑惑和想象的一个地方的现象还较为少见。"数学由一系列事实和技能组成。这些事实必须被牢记；而技能必须不断地得到实践。"(Burton，1984，p.9)结果，"从来没机会了解数学是什么的学生们往往对数学产生困惑，并且认为它是一门空洞而乏味的科学"。(Kovaleskaya，引自 Bareau，1985，p.63)之所以这样，有多种原因，如枯燥乏味的教学、课本和课程。然而，即使我们愿意放弃传统数学的课堂实践，问题仍然存在。我们如何激起学生对数学想象的积极性？

72　　　例如，我带着一辆崭新的 18 变速的山地自行车进课堂（引自 Norma Presmeg）我们要探讨为什么当山地自行车仅有 3 条车链和 6 个链轮时我们却有 18 档速度，我们通过图示给出了 18 种组合，从这个方面出发，我们揭示了一种算法，即对于每一个齿轮，当曲柄转动一次时，车轮将转多少圈或自行车行进多长距离。从这个图表我们认识到，我的自行车实际上仅有 16 种不同的速度。我们能通过这个图表得出一些关系，即得到一个好的曲线，并可预测需要什么样的链环和链轮组合。在这个过程中，我们已经涉及到了很多数学问题。

至少，这种课程是富有想象力的。然而，想象力在于教师而不是学生。此外，即使自行车摆在学生面前让他们试用或想象，想象被激起的可能性也是很小的。即问题在于，尽管参与这样一个活动，我们也未充分开发一个重要的方面——抽象数学。当然，我们已经将自行车抽象成为一个齿轮的图表，进而曲线，所有这些使得这辆山地自行车成为我们关注的目标。这样可能显得很有吸引力。我们认同"角色学习"有一定好处（或历史数学、或民族数学，依赖于我们的案例）被展示在这儿的抽象类型有一个名字，Freudenthal 在他的《荷兰的真实数学教育计划》（*Real Mathematics Education Project in the Netherlands*）中称之为**水平数学**。（Treffers，1993）

水平数学在抽象思维过程中，关注的对象还停留在数学问题产生的实物环境阶段（环境、叙述）。然而，Freudenthal 认为，在数学方面，仅仅满足于抽象的意义是不够的，他建议应该增加**垂直数学**这个二维标尺，（见表 4.2）这样我们的山地自行车会呈现很多不同的组合情况。这样，起初让我们认

表 4.2　抽象数学图解　　　　　　　　　　　　　　　　　　　　*73*

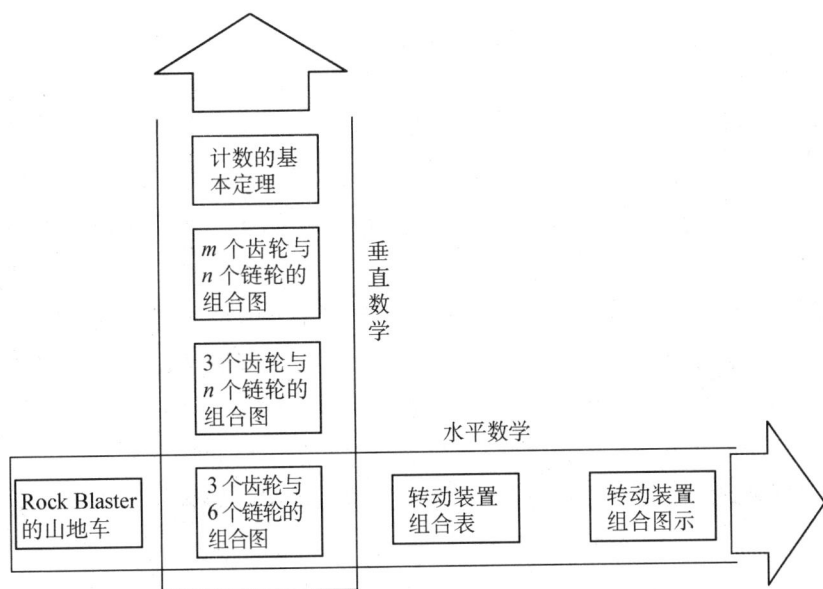

为齿轮和链轮有 18 种组合的图示变成可以形成越来越多的普通性图示而被关注，这样，得出了计数的基本定理。另一个选择是将表格或图表抽象化，即使图表和表格的关系可能被抽象化为对一种功能的理解。数学像一页超文本，甚至空间的超链接。每个条件（包括空间）都有变成一种调查研究的直接路径的可能性。

第二，当角色学习、民族数学、数学史架构被付诸实施时，数学活动的重要性容易被忽略。当引人入胜的实践，即当这些框架被用于引入虚拟的主题时，他们试图进入垂直方向。通过围绕实物引入主题的用意非常明显。为了这样，数学家们引入支撑的角色。结果是使学生学会关于将数学学习与数学本身对立。更重要的是，学生的想象没有被激发，按照这种方式，为了应用数学，他们的数学想象力能够且应被激发。没有第二个维度，数学的功能会被抛之脑后，而注意力仅会关注于实物，所以，我们将如何改进呢？

我用另外一个例子来回答这个问题，这次从 Jeorge Gadanidis 开始。例如，我掷两个骰子，骰子的运动细节是这样的，目标是骰子滚动一次后显示的数字总和为 8。数学上，这种运动可以通过很多种方式实现。然而，不管朝什么方向运动，骰子是真实的，且是关注的焦点。

74　　假如已经掷出第一个，为了总数得到 8，我需要测试第二个骰子被掷出的方向。我能作出一系列关于第一个和第二个骰子掷出方向的组合，且第二个骰子的方向依赖于第一个骰子的被掷出的结果。然后，将结果图表化。通过我们的探索，现在，如果总数是 9 而不是 8 呢？这个数字是垂直数学吗？由于骰子仍是我们关注的重点，答案是否定的。然而，如果我们获得的总数是 4，答案则是肯定的。

第一眼看去，结果是 8 或 9 没有什么区别，但是，当你意识到骰子一次掷一个时，意义就不同了。假设第一个骰子被掷成 6，为了达到总数为 4 的目标，考虑第二个骰子应掷成什么样。当随着一种新的数学概念开始产生时，骰子开始作为一种隐喻功用，其实际意义逐渐弱化。当以图表的形式展现时，第二个骰子必须是负二。当以含有隐喻意义的骰子替代其实物存在的意义时，数学意义突显出来，进而垂直数学产生。

然而，如果急于抽象化，则会过早地将关注的目标隐喻化。数学上有很多这样的例子，词汇问题通常就是这样，其实际形式易被忽略而更多地被关注其隐喻意义。像其他许多类型的问题中，他们都存在这垂直数学的直接需求，必然会因忽略平面数学而内疚。

像大多数情况一样,在将特征和形式作为我们探索和隐喻重点时,需要一种平衡。这样,我们必须认真地组织我们的探索或创造一种情境,即能真正有效地成为我们的关注点,吸引学生且富于隐喻。Herein 正面临这样一个挑战,不仅能成功地激起想象,而且可能会激起数学范围内的想象。

结　　论

　　什么是"做数学"一直存在争议,如同做数学时应用想象一样。在这个章节,我已经试图展示出:不考虑你对这两个概念的理解,它们是存在交叉性的。想象在数学解答中有着肯定性的作用。

第五章　想象与文学教学：诠释与道德启示

Geoff Madoc-Jones

75　　当前,从事英语语言教学(ELA)的教师们需要完成多项任务:

- 通过指导孩子们丰富和规范言语想象来发展他们的读、写和语言交际能力。
- 训练孩子们在社会活动中和就业方面的语言能力。
- 通过叙述的方式,引导孩子们深入学习社会与个体的发展历史。
- 通过初步的文学研究,帮助孩子们深入地、全方位地和细致地了解人性。
- 通过对文学作品的分析与讨论,鼓励孩子们对某些基本的哲学思想,尤其是对伦理学的理解。
- 创造机会,使得学生们能够流利地运用诗词、叙述的表述方式,适应和熟练掌握由语言、修辞、语法构成的话语复杂逻辑。
- 引导学生形成中肯的个人风格和表达能力,以及通过写作和再写作发展其观念的组织能力。
- 学生们通过体验文学著作和个体创作获得艺术审美能力。
- 使学生沉浸在诗意般的语言中而不仅仅是把语言看做一种技术性的工具。

76　　上述这些目标只是 ELA 课程多样化要求的一部分,但我认为,尽管之前的要求很重要,但是这个课程的根本目标在于通过文学对话获得意志、情感和智力的教育。在朝这个方向的努力过程中,想象是非常重要的。因为只有当一定的理解力形成时,个体才能为有道德的高尚的理想和生活实践所吸引。

　　意志是一种激发人的选择或决策的能力或心理倾向。这些意志行为有时被称为决断力,包括认知、情感和意图等要素。认知是由思维、学习、记忆、情感(感知、情绪和印象)、意图、意志力和意向构成的。意图即人类心灵的基本渴望和驱动。

　　对于上述因素,涉及到伦理教育方面,问题关键在于如何最好地促使年青人养成良好的行为习惯和对生活的正确理解方式。在伦理学上,争论的焦点是围绕着自由意志力及其与负责任行为的起因、条件之间的关系这一问题展开的。Oakeshott(1989)把这种自由看作成为一个真正的人所具备的基本要素。

> 事实上，构成人类的本质特征不仅在于必须思考，也在于他有思想、信仰、怀疑、理解和对自己无知的意识、需求、偏好、选择、情绪、情感、目的，以及用富有意义的言语和行为来表达它们；要获得上述因素的必要条件是人们必须学习。人类获得智力行为活动的代价即是学习。（p.20,原文斜体）

Oakeshott 认为由于我们的决策行为并非完全根据事物本质决定，我们还必须了解由于个人意向而导致的相对独立的决策。基于对人的考虑，教育的作用是关键，如同年青人开始进行特定而规范的智力活动。

尽管实施的智力活动的这种自由受经验影响，但也不完全是这样，因为还有部分取决于记忆。Hannah Arendt（1977）在论及记忆与想象时说道，"记忆是人类意识对过去的无法改变的事实进行呈现的一种精神活动，这种活动不依赖于感官，记忆是人类体验呈现不可见的事物的最典型的意识活动的事例"（p.11）。然后，她比较了记忆之于过去、意志之于将来的作用。

> 一旦我们关注于将来，我们不再关注于实物，而是关注于设想。而且，至于他们是当下形成的或是一种可预见的未来环境条件反应都不重要。换句话说，我们要应对的是不曾发生的、现在不存在的且将来也可能不会发生的事物。（p.14 原文斜体）

文学学生发现自身正处于过去和将来的十字路口。研究的作品来自于过去；在某种方式上，它们是一种准则或是一种可以引发对话的传统。教育方面，Oakeshortt 认为对话是一种发源于原始森林时代的多种声音的谈论形式。

> 作为自由学习即想象教育的一种本质特征，想象的发展意味着谈论艺术的开始，即我们开始学习如何识别声音，区分言语的不同表达方式，获得适合于谈论关系的智力与道德习惯，从而开始人类的首次生活。（p.39,强调来自原文）

然而，教育是值得期待的，且放眼未来和过去，这种未来在部分程度上是由自我意志决定的，这种自我意志受到以往想象性作品的影响、塑造、形成和引导。从而，正是理性、意愿和倾向的教育促成了语言艺术学习的核心内容，即意志的产生。研究过去的作品有助于丰富记忆，但意志也须经过想象实践的锤炼，以使得学生在作品中表达出与未来相关的因素。

本章节，我将进一步学习了解哲学家 Paul Ricoeur 和 Mratha C. Nussbaum 的作品。他们在发展、丰富想象的概念方面有着较为深入的了解。在 Ricoeru 的作品中，我们将关注于语言学想象、隐喻、未来可能的定位、自我理解等方面的关系。Nussbaum 作品将有助于我们深入了解文学学习对于伦理理解和品质发展的意义。

隐喻和语言想象

对于隐喻中的修辞理论，人们普遍将其看作一种比喻或用作比喻的短语，而且不对其框架总体形成过程给以解释，Ricoeur（1977）对此一向是持批判态度的。这是因为"隐喻过程发生于段落、语段的层面上（p131），而不是字词的层面上"。

Ricoeur 认为，当从描述层面进入解释层面时，相对于语言方面，在视觉方面想象更少地被考虑到。换言之，更准确地说，在语言本身和语义创造过程中，想象被判断为一种不可或缺的部分。（引自 Kemp & Rasmussen，1989，p. 1）Ricoeur 则更多地强调语言学的想象功能，即其中"不仅存在认识论和政治学意义上的想象，更主要的是，语言学意义上的想象通过生动的隐喻力量创造和再创造了意义"。（p. 14）他证实了想象的诗意作用，即其根据一件事物说明另一件事物的作用，或同时说明多个事物，从而创造出新的含义的作用。他称此为"语义创新"。并且通过隐喻的生产单元不是字词而是段落的事实说明了其重要性。想象将既定的含义转化为新的含义的作用使得我们将未来看作是一系列可能性的开放。"我们在意志层面考虑太多，而对于开放的想象考虑得不够。"（引自 Kemp & Rasmussen，1989，p. 4）Ricoeur 认为，想象的作用应主要在于言词上而非视觉上，即如果想象仅以曾被看见过的形象出现，则难以再被进一步完善为感官概念意义上的准材料的存留物（即事物仅仅沦为经验主义的研究）或直接概念的修改或否定（即本质现象）。这样，如果想象在言词层面存在，而不是沦为概念的焦点，则语言想象是起源性和具有生产性的，同时非语言想象具有再生产性。

语言隐喻处于语言学想象的核心，比喻意义产生于同一与差异的相互作用之中。字面与比喻的语义交叉之处，正是隐喻所含有的不同含义逐渐统一的地方，即字面意义从不贴切逐渐贴切化，直至语言诗意化。例如，"对生活的无知就像掉进了一个黑洞"。我们在这里会产生一些异议，因为语义并不因读者对文字的主观能动性而产生，所以差异由此而生。我们知道，文字层面上，无知不是一个黑暗的洞穴，从而在语义层面上，产生了一系列的差异之处。问题在于，如何调整以形成一个新的含义。当想象作为语言的驱动力量发挥作用时，这种情况会发生，所以洞穴被视为无知。但仅在从认识到其语义上的差异时会发生这种情况。从而，想象是对来自生活过程中所产生的新的意义压力的反应。我们以固定模式的方式生活，但也从未放弃对未来的展望。

但是，想象离不开印象，否则将是不可见的。词语意义的呈现与视觉印象同步。也许，"视为"是诗意想象的视觉感官方面的关键，即含义与印象以一种直观的方式结合在一起，从而，通过想象，大量的准感官的、缄默的印象形成了语义规则，也存在相反的情况，即通过想象，从直觉返回概念含义。这样两种运动方式，在表达和解释之间形成了一种创造性的、有益于 ELA 课堂的关系。

> "视为"在阅读中的作用确保了含义与印象的充分结合。且由于能够被视作一种关系，这种结合不再脱离于语言之外。"视为"包含了一种基础，一种依靠，是一种精确的相似。它是一种统一空洞概念与盲目印象的架构设计。作为一半思考、一半经验的产物，它结合了意义之光和印象的全部。这样，非词义和词义上的事物在语言想象功能的核心之处被牢牢地统一。（Ricoeur，1989，pp. 199 - 200）

Ricoeur 将想象在诗歌或神话上的功能定义为："想象既能揭示前所未有的世界，又能通往超越了现实世界的可能世界。（Kemp & Rasmussen，1989，pp. 5 - 6）这种对于想象的定义方式区别于结构主义或存在主义对想象的教条式的理解，后者只是关注于文本在揭示世界方面的能力。简言之，解释"既不局限于对文本的客观分析，也不局限于文本作者的主观存在主义分析，而主要是对作者和文本之间所开启的世界进行关注"。（pp. 5 - 6）

这种由想象开启的可能世界有助于我们理解如何与他人共存于世界。首先，我们不可能通过任何直接的道路来认识我们自身，只能通过一些解释性的符号和作品，通过对神学、梦想、象征中的想象的解析来实现；"从自我到它我最简捷的路径就是通过感受他人的印象而形成"（Kemp & Rasmussen, 1989, pp. 5 - 6）。其次，想象不局限于解释的循环。通过语义创新来预测未来世界是促使道德行为形成的一个根本要素。由于预测未来世界的自由性，语义变革逐渐社会化。"任何行动均含有想象的因素。"一篇文本中所解释的世界往往是这个文本作者对其曾经居住过的或体现了该文本作者自身意愿的世界的解释。诚然，

80　世界正如一整套参考文献，我们用曾阅读过的、解释过的和深爱过的、叙述的、诗意的文本来开启这个世界。要想理解这些文本必须融入我们对所处环境的预测，即从一个简单的环境（原始的），创作一个世界（装饰的）。事实上，在对所处世界的理解方面，我们扩充了自己的眼界，这在很大部分应归功于诗化的作品。（Ricoeur, p. 80, 强调来自原文）

正如 ELA 教师那样，我们对恢复语言的创造和再创造的功能，以及通过创造过程发现现实更加感兴趣。不断生成的语言颂扬着不断变化的现实。当隐喻产生后，其字面上的意思已无意义，并且由于语言不断地被再创造，我们对于现实的感受也同样不断丰富，所以，就隐喻而言，我们经历了语言和现实的变化。

如同隐喻在通过创造新含义从而开启新现实的可能性过程中所起到的作用那样，诗化的形式同时提出了三个相关联的功能，这对于语言艺术非常重要。第一，如同一般字面上的意义，作者与读者对于世界的直接感知（经验现实）。第二，存在一个隐喻意义中所描述的世界，当语义变革的效应产生，以揭示现实世界新的存在方式时，第一层次的关联作用被搁置了。从而，就其最根本的意义来说，这是一个本体上的事件。因此，语言想象开始发挥其语义与本体变革的作用。第三种关联功能来自于这样一种观点，即诗化形式上，语言所指即为其自身。我在这次分析中将它包括进来主要因其在 ELA 课堂中重要的教学意义，因课堂教学中教师可能应用这种方法来强调学生对其自身思想结构本质的认识。

这样，文学以一种其他语言模式实现不了的方式来发挥这种功能：它能

回溯已揭示的现实,跨越性地研究一种揭示自身及世界的语言。然而,语言并不仅仅指现实世界,它也拥有一种通过开启演说者、作者、读者新的含义,创造新世界的能力。语言想象使得读者进入到一种可能性的空间,搁置作者与读者对直接世界感知的关联作用,从而揭示现实世界中新的存在方式。

语言想象的变革力量不是主体某种程度上的过度修饰,而是一种开启新世界的语言能力。想象在神学与诗词中的作用在于揭示前所未有的存在世界,并创造性开启可能存在的超过现实极限的存在世界。

隐喻通过创造新的联系,而非仅仅通过一致性或从非一致性中找出共性来体现这个过程。不同语义元素上的不贴切程度与新含义有关。Cliches是一句古老的隐喻,曾经创造了一种贴切的语义,但现在已不再如此。这样,本质上存在关联关系的 IS LIKE 与 IS NOT 之间存在通过新的隐喻重新构建新的关系。这是语言上应对未来的不确定性并使得演说者与作者创造新含义的一种方式。这是创造性想象诗词化地发挥作用,体现了语言艺术教育的最重要的一面。被隐喻化思想教育的孩子们开始变成了对语义上不贴切的思考者,不仅能够在部分文句中使用隐喻手法,而且拥有能够考虑将例外情况进行隐喻化的思维特征。能够看到例外情况和学习想象之间的关系显示了这些不仅仅是文学课堂中的补充之物,也是创造无限和不定世界的重要元素。Ricoeur(1977)认为,隐喻是一个修辞过程、具有一种变革能力,能通过虚构的事物来建构对新事物的理解。

Ricoeur 重视语义变革、语言创新、重视隐喻如何通过挑战同一性和差异性、或通过叙述性的结构变量、变化和小说手法来生成新的意义,这些使得 Ricoeur 在语义艺术领域成为一个不可忽视的重要权威。Ricoeur 也对演说者个人如何能利用现有的材料和工具来创造新事物,甚至改变过程中的规则感兴趣。

纵观他的整个诠释理论,尤其是在有关隐喻和叙述的作品中,Ricoeur 表明了意识本身在意义创造方面是没什么能力的,而意义的创造必须依赖于语言。他强调自我理解在将符号和神学综合为一段历史文化的反映过程中的普遍意义,认同通过符号和文学作品来展现现实的迂回手法的必要性,否定自我意识对于其本身的直接、明显的意义。

在其近期作品中,Ricoeur 定义自身目标为,"渐进地找到这个问题的解决方案,即无论是从文学还是从哲学的,在诗词、叙述、随笔的作品层次上去理解语言"。(1976,pxi)他调查研究的关键之处在于,"现实存在的事物的

含义是什么?"即人类存在的现实含义是什么?（Ricoeur，1984，p64）按照

Ricoeur 的观点，第一个问题可归纳为"方法论的问题到初始的本体论问题"，所以在考虑一个知识性问题的同时或之前需考虑这样一个问题："除了提问之外，我们如何了解情况？它将进一步被质疑：仅存在于我们的理解中的现实的存在模式是什么?"（pxi）作为人类，如果我们仅存在于理解，如果理解通过语言展现出来，如果这种理解并非自然的而是需要个体在一定的历史文化背景下的参与，那么教育将主要关注于理解的发展。Ricoeur（1991）认为，"真正理解都受标记、符号和文本的影响；最终，理解随着对上述中介术语（标记、符号和文本）的解释而发生"（p15）。这就要求在教育事业中，语言教学应在核心处占有一席之地。此外，如果理解只是作为对各种标记、符号的综合解释的结果而出现，那么诠释学不仅在教育理论上，而且在特定的教育主题上有着关键的作用。特别值得一提的是，它使得任何教育理论存在可质疑的地方，这些理论把学习心理看作与普遍实体有关系，这种实体独立于文化和解释实践之外。

文 本 与 读 者

我们必须考虑到，解释究竟是一种基于文本的主观性解释，还是一种属于文本的行为，即客观解释过程。（Ricoeur，1991，p. 61）对于语言艺术教师，这是一个关键的教育主题，因为如果这个行为是由文本的主体完成的行为，那么读者会产生一定的理解次序，其内心倾向及拥有的生活经验对于在文章的理解过程中的影响是主要的，即使受到因某种更高需求而出现的复杂的文章句法结构的限制。当教师引导学生评价和分析文章意义时出现这种情况，教师应鼓励学生审视自己的内在精神状态。教师经常提出以下问题来引导出学生对于文本的反应，例如，你怎样看这篇文章？你的感觉是什么？你有什么看法？这些问题也没有什么不恰当的，只是同任何一个计划一样，这些并非试图引导学生如何诠释性地理解文章的主要方式。

从教育层面，提出怎样的问题会影响到一个学生对文本的理解，例如，《樱桃园》(*The Cherry Orchard*)这部戏剧，问题不是学生怎么看待这部戏剧，而是一旦学生清楚地了解这部戏剧，她会怎样潜在地受到 Chekhov 的作品的影响。如同 Chekhov 经常宣称的一样，关于他的戏剧以及戏剧的开场

白，其存在的风格是由服务于读者、观众的目的而决定的。读者的责任就是

如何走近作品而不是去开创一些不熟悉的观点,这些观点只会阻碍读者去理解文本中将可能呈现的真实性。这并非意味着读者是被动的,事实上,读者只有放弃不成熟和未知的观念,才能通过阅读文本的过程实现真正体验的可能性。

Ricoeur(1991)争辩道,如果文本寻求的是试图引导我们理解其含义,那么解释的目的就在于"引导我们沿着文章开启的思路前行"(p61)。Ricoeur认为文本读者通过这种方法达到一种自我解释的境界,最终读者通过自我解释能更好地理解自我,或重新认识自我,抑或开始理解自我。(p57)然而,读者在实现自我理解的过程中经常部分地受到与传统文化的对话的影响,在对话过程中,自我得到印证或映射。Ricoeur再次强调了解释和反思之间的联系,但他也提及:

> 反思离开了符号和作品,就毫无意义,如果解释脱离了自我理解这个中间步骤也将毫无意义。简言之,诠释学中的反思或反思的诠释学都表明自我的形成与含义的形成过程是同步的。(p. 57,强调来自原文)

如果语言艺术的功能之一在于帮助学生进行更真实地自我理解,那么也应该对学生们所处时代的行为方式及所遭受的问题进行调查分析。Ricoeur认为,文学阅读是众多行为活动之一,在笔者看来也是语言艺术教育的核心。通过这种行为活动,自我会对世界进行一次更加深入和全面的理解,而不仅仅是为了某种目的,这样,自我在行为过程中的体验会带来对世界的全新认识。个体接受教育就是对行为世界中的认识论、概念、审美以及道德问题不断进行认识的过程;这些问题隐含在课程中,学生们通过阅读这些作品,即文化遗产,通过自我体验来重新认识世界。

Ricoeur(1991)将文学研究看作是一场结合历史背景和读者特性的将历史文本进行现实重现的过程。

> 也许正是通过自我理解的层面,我们才能更好变通地理解文本。与传统的我思方式或通过当下的直觉来呈现自我的方式不同,我们认为只有通过对人类文化作品的研究分析才能理解自我。大体上,我们把爱、恨、道德等概念称为自我概念,设想一下,如果没有以语言或文学

方式描述以上概念，将会是一个什么样的情形呢？我们又如何理解以上概念呢？因此，正是那些看上去与主体完全不同的对文章结构的解析才是我们理解自身的重要途径。(p. 143，强调来自原文)

Ricoeur 为语言艺术教师的文学教育提供了一种重要的理论基础，也为人类阅读提供了一个重要的原则。这是一种既非科学主义也非主观主义的教学原则，却是一种可以使得学生们从结构上和语义上更好地研究文章的诠释方法，也有助于他们更好地理解自身的教学原则。

笔者在此形成了一个观点，即 ELA 的重要作用之一在于促进学生们发展伦理理解能力，促进学生们通过文学以及语言想象的发展来实现自我理解。

文学与伦理教育

Martha C. Nussbaum(1990)则认为，文学不仅建立在形式主义、文本本意、审美论的基础上，而且在其具体解释中含有哲学，特别是伦理理论。在她看来，这种文学—哲学的方法对于文学研究和哲学研究都有着重要的意义，这种方法的"联姻"也是她所强调的进行情感分析的关键元素，不仅有助于理解和欣赏，也有助于伦理论述。按照传统的观点，哲学建立在理性的基础上，文学建立在情感的基础上。她认为，由于二元哲学已经毫无生命力，而且建立在二元哲学基础上的散文技巧与文学研究日渐陷入于形式主义和字面上的分析，这种分析又缺乏工具把文学作品与重要哲学理论相联系。

她的理论的一个关键元素是情感在文学研究和伦理理论中的重要作用。她讨论情感上的认识论，批判曾被很多哲学家认为属于传统敌对意义上的情感领域。在哲学家们的独立理性思考中，情感并非是必需的、不可信赖的、不确切的或存在潜在危险的。Nussbaum(1990)指出，在通常情况下，情感相对信仰更加可靠，情感在道德理解的发展过程中有着重要的作用。我们并非独立于世界的现实而存在，我们经常感受到自身排斥或支持某种行为，在这个过程中或之后发展自己的认知。引用亚里士多德的一句话，理性地对待每一件事就是非理性的。我们需要理由来告诉我们自己我们在相爱吗？

然而，Nussbaum 也没有将情感视为一种有助于文本分析的模糊、不明确和浪漫的概念,而是作为一种需整合的特殊的感观概念,而这两种概念都是进行伦理推理的关键因素。她认为,一般性的伦理描述本身不能告诉人们在特定情况下的伦理反应,这些一般性的伦理反应仅仅用于已被构思或曾考虑的特定情形。没有对特定情形的认真和高度关注,以及身边事件的细节和细微之处的观察,教条式地应用某些既定的理性原则是危险的。特定情形的感官概念的发展不能仅仅通过哲学研究来实现,因为哲学研究在逻辑上只关注于整体,研究案例通常只是描述哲学争论的要点,不具备足够的全面性、深度和具体性。此外,它们被描述的形式也缺乏语言的感知性。

Nussbaum 认为,只有在文学中,尤其是某部小说里,我们能够发现描述得足够细致、具体的情形,而且只有更多地关注于语言的复杂性,更多地关注唯一性和人类经验的特殊性,我们才能够看到对人类所处现实情形的适当描述。她认为,这不是一个简单地关于推理判断如何应用的问题,必须首要关注由特殊概念引发的情感。

这样,Nussbaum 认为情感在任何试图解释文学作品的伦理部分时起到了重要的作用。但这还不够,还需对哲学问题所引起的普遍诉求有一个全面的了解。因为如果不这样,便难以解释所体验到的概念的含义。这并不意味着推理在文学研究中未发生作用;事实上,Nussbaum 曾认为我们需要理性的情感和情感化的理性。两者缺一不可且必须结合。

Nussbaum 的思想对于文学教学和文学研究都有着深刻的意义。不考虑情感、理性和伦理之间关系的文学教育模式是存在严重缺陷的。伟大的文学是全面理解人类生存条件和读者特殊的生存状态的重要信息渠道。如同在文学研究中取得的所有收获和快乐一样,教师在教学过程中还必须把发展学生对文学的伦理感知性和道德意识能力作为最基本的目标。研究文学教育时,伦理的部分在任何有教育意义的实践中都是一个重要的因素。这意味着教师必须清楚意识到学生们在阅读好的文学作品时个人潜在的道德发展,他们也必须用一种能够反映文本的伦理感知性和复杂性方面的课堂讨论的方式来教学。事实上,这不是一些纯粹的教育或学习理论,教师会发现一种相对于教授小说本身更好的方法来教学。课程论或教学论都可以从文学作品本身找到合适的方法。可以说,研究文学或文学教育都不可能脱离于文学作品自身的特质。

在下文的论述中,笔者认为文学研究在道德品质发展中起到重要的作用。首先,对于道德品质的深刻含义的思考是必须的。为了解决对"如何过上一个好的生活"理解的一致性问题,笔者认为应将道德品质视为人类心灵的固有本质。对于关注这些问题的人来说,道德品质是人人向往的优良品质;对于某个或某些较好的品质,这些是不可或缺的,道德品质不是仅仅通过忠于职责或义务就可获得的;也不应被认为仅仅是那些脱离于社会、传统或价值的单个个体的品质特性。这种品质不仅蕴含社会义务,也指某种自我品质的发展和自我评价,笔者认为美德与幸福之间存在一种强烈、必要的联系。

其次,必须注意到任何一种道德理论都带有一种观点,即理性的作用仅仅是约束危险的情感,而且意愿也不会让位于情感。道德生活或许被看作一种附从或履行合约义务,即对于自我进行趋利避害,或被看作一种保持心灵深处各种矛盾的平衡的折中之道。这样来看,理性经常被看作是一位约束不恰当的渴望和情感的管理者;正是理性使得我们不再受激情的奴役。尤其理性在处理一些主要与个人的自有品性时,例如发怒、谨慎等个人特质,理性倾向于逃避、制止、否决这些不当的行为。我们不可看低理性在控制这些有着潜在危险情感状态的重要性,但仅仅一种建立在义务层面的道德理论(如情感被视为是危险的)不足以应付一种重要的、更积极的道德生活。这些包含和意味着一种象征个体的工作渴望和创造更好的生活的意愿。涉及到这些美德,诸如公正、同情和诚实,没有必要用理性去对它们加以限制。理性的作用在于引导、支持、培养和发展这些美德。发展与他人和平相处和为他人服务的品质的重要性如同发展合理关注职责的品质一样重要。

文学研究在发展自我关注方面和发展如何与人相处的品质都有着重要的价值。关于自我,文学研究能够提供给学生复杂、唯一、具体的文本,即提供一种更加真实的情境以助于作出道德决策。此外,语言想象、即"视为"是这个过程中的一个重要的组成部分。哲学是处理有关普遍性的问题,但对于发展中的孩子们来说,需要丰富的真实反映人类处理纷繁复杂的事务过程中的道德决策经验。通常,道德分歧不会在普遍或抽象的层面上存在。例如,最近的海湾战争中,战争的支持者和反对者均认为勇气是他们双方所渴望的品质,但是,对于这些战争中的年青战士来说,面对战争的事实什么是对他们最有帮助的? 它需要去伊拉克的勇气和坚持下去的勇气;重要的是个体怎样作出这个决策和因为什么而作出的。对于学生而言,对于这些有关处理决策的复杂性的文学进行研究是有益的,因为在这个过程中,他们会形成感知和想象等概念,这些概念是形成道德决策的前提条件。

正是在发展这些复杂而微妙的概念过程中,发展一些有志向、有抱负的品质的过程中文学研究才有了存在的意义。这不是一种创造伦理人类的万全之法。然而，没有以上这些，尤其在当今世界，随着传统价值体系的真正崩溃和一个多元化社会的成长，年青人创造一个真正伦理社会的道路将非常坎坷。

结　　论

我们应该强调的是，这种教授文学的方法并不仅仅基于一种超然的技巧，事实上综合了所有形式的对话，或者说，是一种辨证的语言和体验。为了让学生们富有想象力地进入文本，我们必须让学生们摆脱自己对文本主观性的反思。这就意味着，如果学生们要完全达到对文学阅读体验的理解，那么在对文本进行分析和解读的过程中就应当采取想象的方式。 *88*

教师的目标是要帮助学生积极参与到这种解释性的、富有想象力的阅读过程中。文学文本体现了一种我们了解自己和世界的最富有教育意义的重要方式。因此，教授文学就必须基于一种体验的理念，要体验文本与这个世界的联系。

文学文本提供了一种对现实的想象性的描述，而且由于这一点，相对其他形式而言，解释需要一个更加复杂化的系列运动，需要更多富含信息的文本。文学文本来自于这样的一个背景，这个背景不会形成类似于科学、历史和哲学学科那样的可证实的材料。作者通过比喻语言、文学手法、依据文化及社会价值将这些信息资源创造成文学文本。然而，作者的信息并非直接传导给读者，为了理解和解释这些，读者需具有一定的想象力。此外，学生们不仅要清楚了解自己所承担的任务，不仅需要将自己置于文本的历史背景，还需要置身于已习惯了的自身生存的世界中。

如果想培养学生解释性地阅读文本的能力，以上提及的因素都必须考虑。教师必须能够提供可实施的建议使之成为可能。这个任务非常复杂而且艰巨，但是意义非同寻常。在此我要重申在文章开头我所说过的话：我们的目标是通过与文本的对话实现有意志、有情感以及有理解力的教育。这一章节部分显示了这种教育方式，在这种教育方式中，想象力的培养是至关重要的，它能驱使着人们在生活实践过程中追求着理想和良知。

第六章　富有想象力的科学教育：两个问题和一个可能的解决办法

Sean Blenkinsop

89 　　几年前，当我刚要完成毕业论文时，有一个看似很小、却给我带来极度忧虑的发现。这个发现是由几个科学教育的教授提出来的，他们利用会议时间四处奔走，与新的大学毕业生面谈，结果发现大量的大学毕业生们对一些最基本的科学概念理解不多或完全缺乏理解。许多学生对科学教授作出了带有"前科学"的幻想意味的回答。例如——这个例子似乎真的应引起每个人的注意——当问到哪里来的"材料"和物质可以使一颗小小的橡树种子经过一段时间长成一棵巨大的橡树时，大部分学生充满自信、毫不犹豫地回答，来自土壤的物质可以做到这点。天哪！由于他们中大部分是哈佛大学新近培养的科学专业的学生，因此，使得这个故事成为一件国际社会关心的事情，而不是一个仅仅让一群头发花白的教授们担忧的问题。在继续讨论之前，我猜测，你们当中知道"正确"答案的人现在正在赞扬这样一个著名的教育机构的教育质量。然而，你们当中的一些人可能是哈佛的毕业生，而且仍在思考，如果大量的物质不是来自土地的话，它们会是来自哪里呢？答案是它们来自空气。你应该记得，在所有的科学课上你都学过光合作用，植物吸收二氧化碳并释放出氧气；如果你幸运的话，应该还学过克列伯氏柠檬酸循环(the Krebbs citric acid cycle)。然而，在所有的那些材料中最基本的信息是，橡树从充满分子的空气中吸收二氧化碳分子，通过合成剥离橡树用以构建其有机生命体的碳分子。现在，一个单独的碳分子既不大也不重，但是从空气中剥离无数个碳分子，经过组织和结合，就能得到一个不同寻常的复杂的结构。

90 　　哈佛大学的科学教育工作者们似乎认为，整个问题表明美国人的科学素养是如何的贫乏，以及按照好的纯粹的科学依据来改变文化中的"本土知识"是如何的艰难。我不确定这就是整个故事，尤其是鉴于如下事实：你们当中认为自己不知道答案或者答案错误的许多人正敲着头，低声咕哝道："我知道这些知识，我知道树主要是由碳构成的，并最终会释放出空气，我只是忘记了。"我将花一些时间来论证我所支持的观点，即问题在于在五十多年的时间里北美公立学校教育中需要两种不同的教育信念。我将把这两个问题分别称为"儿童中心经验证据的谬误"和"具体与抽象相对的难题"，并把它们归置于进步主义教育的思想之下。现在,在你认为我将陷入传统主义者对标准、事实以及教师中心知识的抨击之前,请听我说完,因为那不是我将采取的行动。首先,由于激进的/传统的二元主义对学生没有明显的帮助,其次,因为另外的一种选择可以帮助学生对世界获得更好的科学的理解,并避免他们在大学毕业那天被扣上愚笨无知的帽子。另一种选择就是富有想象力的教育。

科学素养的两个问题

儿童中心经验证据的谬误

有一个故事发生在哲学家 Ludwig Wittgenstein 剑桥大学办公室的大厅里。有一天,他冷不丁地走到几个学生面前向他们问道,如果太阳实际上是围绕地球转的话,那么他们认为他们的经验会有怎样的不同。学生一旦从被一个疯狂的教授的骚扰中缓过神来后,就意识到这将和地球绕太阳转这一事实带给他们的经验没有什么区别。对于 Wittgenstein 而言,问题的要点既指经验证据可以是一个混杂的信息,又指解释是容易改变的、并与现存的体系相关联,个体则据此来理解世界。然而,对于我们来说,它指出了这样一种事实,即试图从由个体"胡乱"收集的经验证据中推导出抽象却看似简单的科学原则(例如,地球围绕太阳转)会是一种富有挑战性的工作。尤其在诸如哈佛大学橡树的案例中,人们难以从"空空如也的"空气这一经验证据中推导出正确的科学原则。只需花费很短的时间,就可以生成一个看似与我们的经验世界不一致的基本科学原则的长长的清单。根据煮水和燃烧木头这一现象,物质既不可以被创造、也不可以被毁灭的观念似乎受到挑战;惯性和运动的定律无法适用于一个在充满重力的真空世界中存在的生命;节约能源似乎与汽车耗尽燃料、电池在我们的游戏机里突然中断这些日常经验正好相反。然而,这些抽象的原则在很大程度上强化了人们如何看待科学的观点,以及有助于人们成为具有科学素养的市民的知识。我的观点是,在许多课堂上,尤其是那些年龄层次较低的年级,我们已快乐地接受了源自卢梭、并由斯宾塞、杜威及进步主义教育运动中许多典型人物的持续研究而顺利完成的原则,即我们必须从儿童的经验出发,依据儿童的"经验证据"帮助他们推断出抽象的科学原则。我不是在讨论,教师是否应该在课堂上提供精彩时刻来帮助学生"经历"从其日常经验中推断出抽象的科学原则的过程,而是主张,如果这个显而易见的问题与第二个问题"具体与抽象相对的难题"相关的话,那么儿童的经验证据就比从教师恰当的教学设计中获得的科学结论更重要。水煮干了变成空气这一生活经验比截然相反的科学原则更为重要。结果是,在儿童发展早期,神话比科学原则更重要,它更容易使儿童理解和接受。

具体与抽象相对的难题

第二个问题是一个有关远离儿童经验的重要隐喻,这一隐喻类似一副镜头,它允许儿童在一种有意义的科学结构的指示下,理解和组织科学背景中的目标性课堂经验和其他背景中的经验。孩子们不再被要求比较两组看似矛盾的证据,并选择其中的一个或另一个,相反,他们有一种办法把所有的证据收集在一起,并放在一个结构框架之中。然而,这个隐喻远离儿童经验的原因是,它对于儿童来说太抽象了,以至于他们无法理解。学校教育已经从进步主义运动和心理学家皮亚杰等人的著作中吸纳了这种观点。简单地说,这种观点就是教育者应坚持从孩子们所在的社区和家庭中的具体事物出发,直到孩子在智力上达到一个较高的抽象水平、可以理解"生命""世界""科学"这类抽象概念为止。因此,我们坚持从学生已有的知识和经验出发。然而,这似乎完全低估了孩子们的世故程度,与事实不符。这个观点在实际的经验中没有得到证明。在全世界和各个历史时期,人们会给小孩子讲各种故事,这些故事是关于幻想之物、人变成动物、动物说话、不同星球的,我们并不怀疑孩子们对这些未划入其经验领域类型的事物的理解能力。但是,在更深刻的意义上,上述许多故事是教育用以形成儿童对世界的理解的基本结构,是基础的高度抽象的结构。这些故事充满了爱、恨、公平、价值、邪恶和善良等观点,而且我们相信儿童能够理解这些观点,因为我们看到它们在孩子们的游戏中及其与外部世界的其他互动中不断重复着,更重要的,也是不断运用其中的。另外,这些故事里面通常也很少含有科学的成分。那么,为什么我们乐于为年幼的孩子们提供这些关于生命的高度抽象的指导性的隐喻,而当我们要在学校中为科学或其他学科领域提供同样有用、却缺乏意义的隐喻时就会犹豫不决呢? 对于 3 岁的孩子来说,没有人期望他们对于"公平"这一概念有充分的应用或对其复杂性给出一个定义。然而,有些儿童非常擅长这些——但似乎也没有人主张儿童不学习抽象概念。人们想知道那样做是否合适。同样的事情似乎适用于这些科学概念。问题不是对抽象理论做"是"或"不是"的回答,而是采用什么方式可以获得抽象理论。

因此,正是"儿童中心的实践经验证据"和"具体与抽象相对"这两个不确定的看法联合起来继续在有限的科学知识中发挥着根本的作用。重要的是要记住,我并不是试图阻止向儿童提供经验,或是阻止他们理解自己的经验。我所主张的和下面将要讨论的构成富有想象力的课堂的根本性观点是:我们同样需要提供理解这些经验的方法、工具和概念。另一个我想提出和希望说明的显而易见的观点,即我并不是简单地提倡我们应把大学科学课程强加给一个 8 岁孩子,并要求其完成。比如在向年幼的孩子传授"公平"这一抽象概念的例子中,答案似乎在于使抽象概念可以获得、被了解——这是抽象概念的力量和奇迹——这些概念在我们余下的生活中会重新出现,其内涵有待不断地被重新检测、被改变,并获得新的意义。这是明智之举,假定让一个儿童从他或她自己显然有限的经验中推论出最初耗费了数代相当聪明的人类成员通过认真思考才得出的抽象概念,似乎是很困难的。

一种可能的解决方法:富有想象力的科学教育

场景一

想象这种情景:课堂里很嘈杂。25 个学生围成一个圈,参加一个看上去像是仪式舞蹈的活动。在圆圈的中心站着一个身穿黄色衣服的小孩,他张开双臂,如同太阳光辐射进入宇宙一样。在太阳周围 24 个"星球"沿着为他们复制的合适的轨道旋转。伴随着这些,学生们相互帮助来完成沿着自转轴向正确的方向倾斜的动作,就像地球在宇宙中倾斜着快速旋转一样。对于孩子们来说,这是一个课程单元的激动人心的部分,该课程单元是以一位有时感到孤独的孩子的故事开头的,她在家庭的轨道中生活,然而,她是向内倾斜还是向外倾斜,则是根据其家人对于环境的接受程度和必需的家务数量来决定的。接着,这一单元还制作了银河系社区中多种角色的陶艺模型,最后以大量的绘画和作文结束,在其中,学生们清楚地表达了他们学习的知识、理解的内容和未解决的问题。通过充满想象力地投入地球故事的学习,学生们被其自然奇观所吸引,同时,对于教师来说,教学本身也变得有趣和富有创造性了。

场景二

这个课堂比较安静。不同小组的学生正在不同的角落里一起工作,他们试图理解 Galileo、Linnaeus 和 Marie Curie 不寻常的人生。他们以其激进的观点建构的科学世界是什么样的呢?那些观点是如何得到的呢?既然他们的观点现在已被接受了,那些观点又会引起哪些后果呢?除了这些,学生们还继续做了一些实验,追踪了发展中的科学的许多故事,研究这些英雄人物,并准备了许多让同学们参与回答的、有助于理解那种科学的问题。

场景三

最后的这个课堂在当地委员会的会议厅,委员会正在开会。这些 12 年级的学生把最后的感触写在递交给委员会的报告上,该报告是关于一条当地河流的污染程度、有毒物质的可能来源和一些可能的解决办法,而这条河流正好安静地穿过城市中心。他们在两个月的工作中运用精密的科学仪器和现代的实验设计,开始对当地真正忧虑的问题作出回答,终于获得了对这个真实世界的体验。在这里,学生是在最高的层面上"做"科学,也会遇到诸多问题,如科学如何满足社区的需要,他们必须为研究结论承担责任,并且他们必须根据那些结论采取行动。他们将要解释和维护他们的结论,并能在面临一些严重的反对意见时证明他们的科学是有用的,证明他们理解了这个讨论产生的历史的、政治的、社会的背景。但是,学生必须能够对众多相关的视角进行批判性的理解,指出他们自己不太清楚的地方,有时候要在刺眼的强烈的政治聚光灯的光圈下完成这些工作。① 他们正在发现和经历科学、理论、视角及其共同体的边沿。

这三个例子虽然来自不同的课堂,但都是由那些自认为富有想象力(我们在本章试图对其进行探讨的方式上)②的教师教授的。尽管这些场景好像与我们今天许多很好的科学教师所做的没有什么不同,区别在于 K-12 教育对于我们如何最成功地学习有着系统的考虑。结果是教师操作着学生随身带来的工具,而且每个教师能看到他们所做的事情是如何适应于培养学生的科学素养这一个长期计划的。在日常世界中,想象力往往与艺术、创造力和奇异的想法有关。然而,出于我们个人的目的,我们把想象力看作一种思考可能性的能力。想象力是对存在于原始的实践经验的信息、无法言说

---

① 这里是指学生的工作有时候需要通过严格的政治审查。 ——译者注
② 这里衡量是否"富有想象力"的标准是作者在本书中试图探讨的内容。 ——译者注

的感觉信息与真理之间的领域的理解。对这个巨大空间进行操纵，结果是，想象力成为一只非常忙碌的蜜蜂，尤其喜欢在真理看起来并不现身的地方活动着。

这三位教师在提高学生（以及他们自己）的想象能力和认识学生为了理解世界而带来的多种"想象性工具"上，是有意识的和充满关切的。他们的世界是让他们沉浸其中、与之相互交换、并试图不断去适应和理解的地方。这种在感知和理智之间持续的积极的内部交换就是哲学家 Maurice Merleau-ponty 所说的"生活世界"，即科学产生的基础。生态哲学家 David Abram 声称：科学是一种一致的建筑形式，它是人类已开发的、试图对世界作出更加一致的理解的一种方法。然而，正如他所说的，现代西方科学是唯一的理解途径，是一种强调事实、理论和真理的特定的、极其中立的观点的方式。对于 Abram 来说，理解世界的其他方式都是不重要的。这些教师们试图做的是构建一个更加全面的科学的意义，从而允许他们更加完整地采用理解世界的不同方法。我们的观点是：通过运用想象力，这些众多的理解方式有助于更加完全和更加彻底地合成信息和经验，从而为科学本身提供一个更加健全的理解。想象力是一个架设在实践经验和技术知识之间的桥梁，这一点在哈佛的例子中可以清楚看到。我们希望，通过富有想象力的科学教育，学生们对自己的发现过程变得更加好奇；成为更具有批判性的公民；对于有决心的学生而言，则成为更优秀的科学家。正如 Einstein 所指出的："最伟大的科学家也是艺术家。想象力比知识更重要。因为知识是有限的，而想象力则包含整个世界。"（Viereck，1929）因此，我打算在这一章的剩余部分探讨一种奇妙的富有想象力的科学教育的框架。我将运用三个课堂的例子来帮助我们审视四种理解科学的方法：神话的、身体的、浪漫的和哲学的。

对科学的神话理解

场景一是一个一、二年级分开的课堂，它和世界上其他许多课堂注定是一样的，不同的是，教师 Martin 小姐用一种想象性视角来考虑课文的组成部分，同时注意到先前已涉及的两个问题。为了便于这次讨论，这些小学生们主要是运用口语。他们大多都有从自己的环境中获得的很好的口语工具，他们利用这些工具来理解世界。换言之，他们运用口语已经有一段时间了，他们从口语的视角来看待其环境和他们自己，而且他们有能力操纵他们拥有的工具。这样,Martin小姐运用诸如故事、暗喻、儿歌、节奏和范例等语言工具,帮助她课堂中的学生,直接激发他们的那些才能。因为这是这个年龄阶段的群体主要的工具,应用它们是为了让学生更好地理解课程。但这不仅仅是个花招。例如,故事不只是一种吸引注意力的情感"诱饵",而是学生拥有的、可使重要而抽象的科学与课程原理对于他们来说是可感、可用和可记的一种有意运用的方法。在这种情况下,诸如倾斜、倾斜度、旋转和轨迹等抽象概念被挑选出来,并进行集中讨论,所以一旦它们被学生理解和经历,学生就会形成一个用它们来组织其他新经验的和未经验的信息的结构。结果,季节、白昼的时间和正在进行的课程可以被纳入到一种更加完整的框架之中,而不是把学生置于需在看似冲突的信息之间做出选择的不协调的状况中。

第二个例子是使用隐喻。太阳和地球的戏剧性扮演是一个在收缩的三维空间中完成的隐喻。通过隐喻来转换和表现出对多种模式(比如,陶艺、戏剧、小组讨论)的理解的能力,不仅对更加复杂的思考和实验很重要,而且是由口语向书面语转换的中心,如果"T-R-E-E"不是一个我们发出的声音的隐喻,即它自身是我们在外面所遇到的实际事物的一个隐喻,那么它会是什么呢?除此以外,还有其他一些事物需要注意。第一,是重复。Martin小姐多次重复那个特定的故事,允许学生在他们自己图像形成的过程中听和反复聆听这个故事。重复与移情相结合,在再表达的各种媒介中转换,允许学生从讲述的故事中获得和形成他们自己的知识。第二,Martin小姐从不一致的意见开始在整个单元中使用了一种叙事(例如,儿童在琢磨如何与家人相处融洽或者想知道太阳和地球的关系),最后以解决问题结束(例如,学生处于环绕着他或她家庭成员的轨道上或者关于地球如何沿着轨道围绕太阳转的理解)。因此,她不仅与学生学习之间建立了情感联系——这对于记忆和参与来说是最重要的,而且她还模拟了科学学习的进程。人们已经提出一个对儿童/科学家很重要的问题,然后通过探究和转换视角/隐喻,发现了解决问题的可能性办法和新的理解。我的希望是,学生不再让经验和科学彼此冲突,而是将两者真正地放入一个可以"解释"它们的更大的概念框架之中。与Abram(1996)一样,我认为,这就是科学探究的关键。

对科学的身体理解

任何一个花费时间和婴儿在一起的人都知道,孩子们在理解世界的方法上是极为身体化的。他们把每件东西都放入嘴巴里,他们为光线而着迷,他们能深切地表达各种声音。我们似乎忘记的是,我们中其他人在很大程度上也在用身体和感知来理解这个世界——如果你同意 Merleau-Ponty 的话。我们把一根根细绳缠在手指上来唤起记忆,下雨的时候我们感到沮丧,我们通过人们的"身体语言"来理解他人,这与通过他们的言语来理解他们差不多。正是这种通过身体来收集和理解的经验证据有可能对哈佛的"本土知识"问题作出最大贡献。通过所有这些例子,我们可以发现身体包含在学习项目之中的方式。然而,尽管我们看到毕业生们正在参加委员会会议厅的会议,并试图通过与其反对者争论来更好地为自己做准备,但是,对于在理解方式的形成上更多受到身体影响的较低年级的学生来说,翻译是更加直接的而且代价很高的。因此,孩子们全部成为地球围绕着太阳转的具体体现,他们的手参与到模型的创造之中,场景二中他们在身体上参与完成科学史上的一些基础性实验。

这些教师意识到,小孩子们通过他们的感官、运动、形式以及相互作用来理解世界,同时,让学生们在身体上参与其中对于加强科学知识是很重要的。教师还有一个认识,即在教授科学的背景下儿童通常有一个物理经验的"身体",可能与所教的概念相冲突。就其准确意义来说,课堂中的身体学习必须在支持所述概念的前提下开展,并且提供可供学生理解其他经验的方法,以便于其他知识也可以被吸收。例如,儿童可以在身体上成为橡子,开始经历成长为一棵橡树的旅程,但他们的部分行动是保持"呼吸",以吸入他们将需要的所有的二氧化碳。设想一个儿童确实可以"吸入"他们的食物的课堂。另外,这个项目成为观察树和人类如何共同成长、交换继续生长所必需的空气的一个好的途径。这后来也顺利地得以成为与生态学及世界的复杂性和循环性相关的关键的科学课程要素。

但是,当学生进入小学中年级时,他们完全致力于学习西方文化和我们学校系统中主要的理解方式。他们通过书面语言来理解世界。对于富有想象力的教育来说,这与其说是一件坏事,倒不如说是一个变化,这个变化需要对学生理解世界的方式和他们理解世界可用的工具有所准备和认识。会识字是一种理解方式,一种我们大部分人沉浸其中的方式,它打开了特定的景致和教人们用有价值的方式理解世界。它还带来一整套全新的富有想象力的工具。然而,尽管那些工具是建立在先前工具的基础之上,但是任何新的理解方式确实重组了我们可用的有明确意义的方式。用 Chet Bowers 的话来说,这种理解方式的改变把有的类型的认知放在优先位置,而把有的类型的认知放在边缘位置。这一原则同样也可用于口语式认知和身体式认知,但是,在当今西方世界中,深奥微妙的身体理解方式和口语理解方式的大量缺乏表明,需要更多的平衡。这种平衡是富有想象力的科学教育致力达到的目的,也是 Einstein 在前面的引文中所指出的内容。

对科学的浪漫理解

Gadamer 和 Wittgenstein 都认为,我们在塑造和影响世界的同时,世界也在塑造和影响着我们。当我们谈论到文字时,这种观点似乎是正确的。事实上,把文字视为一种历史悠久的规定,其中充斥着文化为我们理解环境而制定的令人敬仰的工具,这对我们会是有用的。不幸的是,有时我们是如此地专注于常规,以至于我们忽视了还存在着其他"影响"世界的方法这一事实。儿童的文化素养是通过学习人文化的事物来加以培养的;他们为世界的极端和界限所着迷;他们通过收集和组织来寻找原因和基本的体系,结果他们很少对魔法感兴趣(圣诞老人是如何在一夜之间从所有的烟囱中爬下去的?)。这种使世界人性化和架构化的过程,也导致一种更深刻的认识,即把处于时空中的自我看作一种日渐独立的实体。因此,正如我们在场景二中看到的,学生把科学的意义理解为人类的努力。通过允许学生收集、分享和共同理解科学家们奋斗的例子,教师运用了具有人文性、英雄化、组织性特征的工具。下面,当学生们开始锻炼他们自己正在发展中的独立性时,他们将学习更多对人类有用的可能性。

科学中我们所知道的一切事物都是由人类"发现"的,而且通常故事本身就很有吸引力。人类个体通过战胜挑战和克服危险发现一些可以改变共同体关键性结构的事物。同时,我们发现学生获得一种理解,即科学是累积的过程。然而,这里存在一种真正的危险,即对科学的被动消费。巨大的变革会带来明显的好处,比如,文字的出现,就使人类能够记录和再认信息。然而,变革也会带来损失,虽然人们并非有意为之。缺乏深度理解的被动的知识消费(例如,你只需要告诉我们,我们需要知道的知识)就是其中之一,在科学教育的世界中它是一种真正的危险。知识有可能成为有一个已有现成正确答案的坐落不动的事物,而我只需要含糊不清地给出正确的阐述,那就将被解释为理解。我能想到的最好例子是"示范—实验"的问题。我们有多少次会碰到这样的情景?其中,某物被称作一个实验,有时学生知道它将产生什么结果,但是事实上,每个人知道有一个正确答案,并且演示者将在我们眼前完成这次示范。答案找到了,不同意见也没有了。科学过程没有进展,科学知识已存在,而我们只需要等着听答案。然而,科学并不是以那样的方法运作的,经过 10 年对于浮力的探究和思考,当研究者亲自发现它时,无论世界上其他人是否知道,它不过是一种顿悟。因此,科学可以是活生生的,也可以是死亡的;它可以是一种试图理解世界的过程,也可以是一种获知它是如何运作的过程;它可以带给人们对概念的深刻理解,也可以是一套有关事实的浅显知识。

对科学的哲学理解

在场景三中,高中毕业生们试图用一种更系统的方法来理解世界。对这些学生来说,哲学化理解的工具包括归纳、形成理论、逻辑推理和解释异常现象。与无所不知的青少年共事过的人都有这样的经验,他们不仅非常希望找到简洁的方式把每件事物捆绑在一起,而且他们完全能够寻根究底,尝试提出相反的事情。Albert Camus 认为,人类的特点之一就是总想把秩序逐步灌输给我们经历的看似混乱的世界。经过几代人的努力,我们追寻着简洁的程序、宏大的体系、元叙事、普遍真理,以及帮助我们以一种概括性的方法理解世界的创作者。在许多方面,我们不喜欢含糊不清的事物,我们还希望能够预测未来。这种包罗万象的真理的推动力是量子物理学、历史轨迹和现在流行的科学。这也是理解世界的一个重要方法。例如在场景三中,学生能够收集证据、综合各种观点及列举相关发现,最终能够提出一种可以解释和预测世界的未来发展趋势的模式,这是一种重要的技能。当新的信息或者相互冲突的观点出现时,他们也必须能够修正、改变和发展这些理论。这种以元模式(metapattern)理解世界的方法是理解部分科学项目和成为一个熟练的科学消费者的关键。这使我们认识了这种科学工作的又一个重要成分:物质性。由这些学生完成的这种工作对于现实生活中的人来说,具有真正的意义,这使他们发现他们是知识和决策体系的一部分,在这种看似公正的科学下面是他们过的真实而复杂的生活。因为正如 Camus 所说的,无论我们如何努力,永远都不可能用一个完全包罗万象的和有序的方式来组织我们的世界。因此,人类的领域处于完全有序和绝对混乱之间,对于这个领域,他称之为荒谬,我称之为想象。

结　　论

　　本章开头，我指出了当前科学教育实践中的两个问题，接着，提出一个集中探讨想象力的可能的解决方法。想象力是其拥有者建构世界意义的一种手段。富有想象力的教师全靠学生在特定的和当下的理解方式中使用想象力工具，不管它是神话的、身体的、浪漫的，还是哲学的，以使他们在最佳的和最牢固的科学意义上较好地领会概念、知识和行为方式。人们从摇篮到坟墓不可能以一种特定的方式理解世界，作为老师，我们应该利用各种理解方式和学生可以使用的各种工具。我们还必须记住，这些工具是发展和变化的，从理解世界的一种方式转变到另一种方式是一个得到和失去的过程。最后，对于这三位教师而言，他们与其特定的年龄组开展的工作是如何建立在以前已发生的事情之上并转向将来有待发生的事情的，这是有意义的。因此，尽管这可能总是不易察觉的，但是科学和想象力在 Einstein 之外的地方①正式结合了。

---

① 在前面，作者曾经引用 Einstein 的话，即"最伟大的科学家也是艺术家。想象力比知识更重要。因为知识是有限的，而想象力则包含整个世界"，说明 Einstein 曾提倡科学与想象力的结合，这里是指科学与想象力的结合不仅仅被 Einstein 所提倡，更重要的在本章的三个案例中获得了实现。——译者注

第七章　文化背景中的想象和艺术教育

Sharon Bailin

在当代西方社会,尤其是在艺术领域,想象力往往受到高度重视。因此,在教育领域,人们对它的发展的关注在不断增加。我们希望人们拥有想象力,其含义是指具有一种可以在各种背景下施展的特殊能力或才能。从个体内在生命的生动性和个体理解的丰富性的角度来看,拥有想象力本身在这个意义上通常被视为是吸引人的(Egan, 1992b, pp. 45 - 46)。但是我们也希望人们有想象力,以便他们所创造的事物是富有想象力的。我们希望他们创造出独特的和非传统的观念、自由创作的作品和反映个人内心存在的真挚的产品、带有个人印记的产品。因此,在想象力和个性、原创、自由及自我表达之间是有密切联系的。人们期望,拥有高度想象力的个体会创作出富有想象力的作品。

在本章中,我将审视当代西方社会中我们如何看待想象力以及为什么我们视其为有价值的等相关观点。在第一部分,我将分析一些有关想象力的当代概念,并提出关于想象力作为人的一种能力、才能和过程的一些问题。在第二部分中,我将对创作富有想象力的作品是个体在内部能力的意义上运用想象力的事情的观点和与此相联的有关个性、原创、自由和自我表达的假设进行批判性地审视。在末尾部分,我将通过审视不包含这些假设的其它文化背景:巴厘人的舞蹈和早期文艺复兴艺术品,进行阐释。我将从我的审视中得出更加一般化的含义来加以总结。尽管有关艺术案例的观点将被继续发展,但我认为可以从具有更广泛的应用性的分析报告中吸取教训。

什么是想象力?

为想象力提供一个明确的没有争议的定义实际上是不可能的。"想象力"(imagination)这一词语和其同源词在历史上有着许多不同的含义,而且它们仍应用于多个方面。因此,对 Egan(1992b, pp. 9 - 43)所提供的概念的历史和现实状况进行审视,将有助于阐明想象力的某些方面和与它相关的事物。我同意 Egan 的观点,尽管各种不同的方面没有结合起来形成一个一致的概念,但每个方面的涵义都融入到这个概念目前的使用方式中(p. 9)。

想象力的一个基本意义和具有较长历史根源的词语，与想象的行动有关。在这个意义上说，想象力和心理图像的形成紧密相连。当代有一些理论家指出，并非所有的想象力都包含图像或形象（White，1990，p. 188），但Egan（1992）认为，"图像形成"（image-forming）在想象力的概念中很常见，并且"必然会以细微的方式介入各种形式的想象"（p. 43）。即使有人不同意Egan最后的观点，但情况似乎是"图像形成"概念的残余痕迹确实在使用的术语中出现。

独特和虚构的观念、荒诞和奇异的观念，也进入到想象力的一些用法中。神话和幻想往往被认为是特别富有想象力的，因为其中描绘的图像具有独特性和丰富性。注重图像的性质和质量的这种想象力的定义，强调一个人内心生活的丰富性和情感质量，以及尤其在想象力的教育讨论中经常出现的主题（Egan，1992b）。

有时想象力概念被运用的一种语境与人们如何把握或理解事物有关。让个体的想象力投入到学习中意味着一个人不只是理性地理解，而且伴随着生动的图像和情感的联系，全面地和内在地理解。这是理论家Egan所倡导的唤起和激发想象力的教育实践的主要意义。

想象力的一个重要意义集中在生成性上。在这个意义上说，想象力包括产生可能性、把事物看作不同于他们自身的存在。例如，White（1990）把想象力界定为："想象某个事物是把它看作一个可能是这样的事物"（p. 185）。Egan（1992b）用灵活的思想来描述它（p. 36）。想象力的生成性特征可包括：想象可能的未来，因而具有改变事物进程的可能性；想象其他人的处境，因而具有同情心和宽容心；或者想象新的观念，因而具有创造和原创的可能性。似乎存在与想象力的这种意义有关的大量想法或可能性的观念。例如，White（1990）指出，一个"富有想象力的人是能够想象诸多可能性、通常伴随一些丰富细节的人"（p. 186）。

想象力的这些不同的意义没有结合起来形成一个一致的概念。它们确实能独立存在，甚至会有冲突。例如，一个人在想象中形成的图像可能相当普通，完全不奇异或荒诞。图像的形成也可能不包括新的潜在价值，而只是对一个人以前见过的事物的再现。价值的生成可以完全不包括图像，而是包括非直观的概念化过程。

尽管如此，在不同的意义中仍存在一些共性。在所有的概念中，想象力被视为个人内在的东西，被视为所有人都拥有、但有些人在更高的程度上拥有的某种能力。而且想象力总体上是一种可以被唤起、激发和开发的能力。一些理论家甚至认为，在特定情况下它可以通过去语境化的技术脱离特定的情境加以发展（比如，视觉化或头脑风暴）。

根据如上所述的所有定义，想象力是一种集中于观念构成的模式和内容的心理建构。无论想象力可能包括其他的什么东西，它都需要使人回忆起图像或可能性这些不在场的事物。

实际上，与想象力的所有这些意义相关的是一些原创的概念。正是想象力让我们能够超越传统的思维，产生真正新颖的和属于我们自己的观念，表达我们的个性。想象力是个人生产力的源泉，是一个人真正可靠的观点的来源，也是对一个人个性的考验。想象力的产品打破传统的思维方式，是对真实、自由和创造的表现。Egan 说（1992）：“想象力是新颖性、独创性和生产性的来源”（p. 36）。在现代西方社会，人们对这些素质赋予很高的价值，而我们所珍视的想象力正是与这些价值紧密相连的。

评　　论

在历史上已有很多有关想象力的评价，把想象力视为某种实体或内在的能力，内在于个体的东西。诸多这样的概念都要求，想象力这种能力或才能是可以通过练习得以发展的，恰如一个人可以通过锻炼肌肉来增强肌肉的力量一样。这些概念阐明的问题表明，认为可以通过诸如形象化等脱离特定环境的各种技术来发展想象力，以及采用这种技术的结果是一个人将在任何及所有的背景下更加富有想象力，是一种错误的见解。

一个突出的例子是 Gilbert Ryle 的工作，他早在 1949 年就提出了对官能心理学背后主要假设的一个重要评论，指出包括把人脑看作一个与身体器官类似的内部器官的概念混乱，以及把心理概念看作存在于人脑中的内在实体的相关的混乱（Ryle，1949）。他认为，在一定程度上，心理概念属于那些尽可能以特定的方式运演心理行为的人们。因此，根据 Ryle 的观点，想象力并不是指某种内在的实体或过程，而是被认为与人们运演的大量的公众可看到的行为方式有关。他指出：

> 有大量各不相同的在平常的和恰当的意义上我们应描述为富有想象力的实施行为。证人席上撒谎的证人、仔细构想一台新机器的发明

104

者、创作一个浪漫故事的作家、假扮成小熊的孩子以及亨利·欧文,都在使用他们的想象力……我们并不是说,他们都在使用自己的想象力,因为我们认为,有一个所有人共同执行的常见的核心活动深藏于大量各不相同的活动中……发明一台新机器是一种发挥想象力的方式,而假扮成小熊则是另一种方式。没有特殊的"想象能力",这种能力完全融会在想象性视听之中(pp. 256 - 257)。

因此,想象力被认为是人们尽可能以一种富有想象力的方式思想或行动。正如 Barrow(1998)所写的:

> 人们一般在不同的情景中不同程度地展示想象力,指出某些人具有一种良好的直观想象力或敏锐的历史想象力,是在谈论他们想象或历史性理解的方式,而不是在谈论大脑中的某种器官(p. 80)。

无论人们是否同意对这些评论所涉及的心理概念进行重构和从个体内心消除想象力,当前最重要的目标应是,对引起我们注意的想象力的描述性定义和规范性定义进行区分。描述性的定义,比如我们前面已审视过的一些定义,试图把想象力描述为某种内在的心理能力或过程。但是因为它们集中于过程和思想方式的特点,所以它们不可能对其内容做任何价值判断。不管一个图像是强大的,还是柔弱的,不管一种价值是令人兴奋的,还是可笑的,这对于描述性叙述来说都是没有差别的。这样的观念或价值都是想象力的描述性叙述力图记录下的生成能力的产品。

但还有一个想象力的规范性定义,留存在"想象力"的形容词形式中。并非所有想象力的产品同样地富有想象力。一个人形成的图像可能是丰富的、新颖的,但也可能是对个体曾见过的图像的简单重复。一个人生成的价值可以是富有远见的,但也可以是老生常谈和陈词滥调。想象可以是无聊的或不好的创作,这是由于一个人对其他人的状况的想象不敏感,或者一个人对未来的设想不切实际。疯子可以通过生成大量无意义的语言来显示其想象力。称一个作品富有想象力意味着它不仅仅是一种生成能力的产品,而且它符合一定的评价标准。这些评价标准不是以促使作品诞生的过程或能力为特征。在一定程度上,它们是由背景所决定的。

例如,在艺术中,构成富有想象力的作品的东西可能与内容有关,也可能与形式有关。谈到内容，通过一种特定的艺术表演表达的想象会触动我们，感动我们，并揭示出我们所理解的想法，因而促使我们称它为富有想象力。谈到形式，艺术作品可以运用诸如色彩、音调或节奏等感官元素，它在观众的审美效果和解决学科自身所提出的艺术问题上特别有效。富有想象力的作品在其他学科领域也有可能出现，包括科学、历史或数学，甚至包括探究和问题解决的日常情境。解决大部分问题有许多方法，但有的方法似乎比其他方法更有趣、更创新、更有原创性、更简洁或更有成效（Bailin，1994）。

因此，很清楚的是，构成想象性作品的内容在各个领域之间呈现极大差异，在很大程度上取决于背景。成为一个富有想象力的雕塑家所需要的东西与成为一个富有想象力的史学家所需要的东西是极不相同的，并且也没有理由让人相信，某一领域富有想象力与其他领域富有想象力有必然联系。想象力不是一种可以被单独开发、然后被应用于各种背景的能力。相反，要在某一领域富有想象力在很大程度上取决于个人在该领域所具备的知识和技能。

想象力和想象力丰富之间的联系

想象力的描述性定义和规范性定义之间的区别一旦被认可，那么两者之间的联系问题就会被提出来。我们已审视过的有关想象力的观点认为，富有想象力的作品是想象力的产品，在这个意义上，它们是一种特定的过程或观念构成模式的产品。然而，这是一个有待检验的假设。

106

许多理论家已指出，富有想象力的作品必然是由一个特定的过程而带来的，或可以以其观念构成模式的内容为特征，这种假设是有问题的。例如，谈到图像制作，其主要问题是心理图像的制作似乎不是创作富有想象力作品的一个必要条件。富有想象力的作品产生在许多领域，如在视觉形象并没有发挥突出作用的哲学或数学中（White，1990）。富有想象力的作品也不尽然是荒诞和奇异的。自然主义绘画或现实主义小说有可能被认为同幻想小说或超现实主义作品一样富有想象力（Barrow，1988）。事实上，正如想象力的生成性内涵所表明的，富有想象力的作品确实是一种不断生成的产品，而我们所有的作品不论是否充满想象力都是这样。因此，创作过程不能作为挑选富有想象力的作品的基础（Barrow，1988）。创作的流畅性或数量问题似乎也是需要考虑的问题。在发展诸多的可能性与产生富有想象力的作品之间存在着联系的观念，是经不起推敲的。创作者在创作自己的作品中往往不会发展出诸多的可能性，但是他们的专业知识可以让他们获得最好的作品(Bailin，1994；Weisberg，1993)。因此，有理由怀疑在创造富有想象力的作品与一种所谓的想象能力之间存在的假定关系。

个性、原创、自由和自我表达

我想探讨的第二个问题与这种观念有关，即个体在创作一种富有想象力的作品中所做的就是在表达人的内部的某些东西、表达个人的内心世界，以及产生一些新的和反传统的东西。当一个人把关于想象力的这些观念与其他文化背景中的观念相比时，具有这些假定的问题就变得非常重要。

在当代社会，尤其在艺术中，想象力与个性、原创、自由、自我表达之间的联系非常紧密。但是，这种联系不具有普遍性。在一定程度上，它建立在现代西方有关人与创造性的特定观念之上。Taylor(1989)曾表示，现代西方的世界观可以用一种以精神、自由、个性和体现本质特性为特征的特定的自我概念与古代和传统的世界观区分开来。正如上文所述的想象力的当代概念的特点是具有这些相同的属性。它存在于一个涉及人们大脑中所发生的事情的心理学概念之内。浪漫主义强调要听从我们天性的声音，这使概念增加了对自我表达和情感的重视，由于这种表达被视作创造真正新颖的东西，而不仅仅是模仿，同时，原创、个性和自由的观念也被纳入想象力的概念之中(Abrams，1953，Furst，1969)。

然而，这样的观念过去不是(并且现在不是)传统世界观的一部分，它甚至在西方也只是一个逐渐发展的产品(Taylor，1989)。例如，Dissanayake(1995)认为，天才、创造性想象、自我表达、原创、沟通和情感等概念都是独特的现代观念(p.39)。在传统意义上，艺术并不像现代人所看待的那样，被视为"根据个体的经验塑造或制作事物的私人冲动、个人欲望"。在一定程度上，在人类的大部分历史时期，它是一种集中于公共意义的活动(p.61)。

范例1：巴厘人的文化

今天，在一些更加传统的文化背景中，关于个性、原创、自由和自我表达的这些假设大部分没有得到承认。在传统文化中，艺术没有与人类生活的其他内容分开，而是构成重要的文化实践所必需的一部分。意义是通过情境和传统来赋予的,而且一个人只是通过在他或她的个体存在中获得这些意义来实现他或她的生活目标(Jhanji，1988，p. 162)。同样地,传统的艺术家通过重新制定现存的范式来实现他或她的艺术目的。

这样做的目的不是为了创造新奇的事物,艺术家并不试图创造一种独特的个人风格或在作品中表达他或她自己的情感。原创、个性和自我表达并不是有争议的事物。正如Jhanji(1988)所解释的:

> 与宣称新颖性相反,传统艺术家提出相反的主张,他们不会提供真正新颖的事物。相反,他们只是反映原始艺术形式的媒介。根据定义,所有的传统艺术都建立在对其实践具有重要意义的习俗之上。与现代艺术家不同,一个传统艺术家基本上是通过他的艺术创作来制作一种原始形式,预先为他的创作设计各个不同的阶段(p. 172)。

传统艺术实践的一个主要例子至今还存在于巴厘人的文化中。在巴厘人的社会中,艺术和人类其他的生活或艺术家与其他的社会团体并没有截然分开。相反,人人都参与某种形式的艺术创作,而且传递传统艺术是其生活的中心。日常生活、宗教庆祝和祭神仪式离不开艺术。这种在西方社会被视为艺术、并与日常生活相分离的事物和实践完全融入在巴厘人的生活中。被视为想象力丰富的天才的艺术家也没有脱离社会。相反,人人都参与到某种形式的艺术创作中,从雕刻面具和编织到参加寺庙庆典中的仪式舞蹈,再到制作棕榈叶装饰、每日的祭品或精美的寺庙祭品。传统工艺代代相传,一个村庄往往专门从事某一特定工艺。因此,艺术实践不被看作是一个打破传统、创造新作品的个体的自我表达。相反,它们与宗教信仰和习惯是紧密相连的。再现巴厘人古老传说或印度史诗罗摩耶那(*Ramayana*)的仪式舞蹈成为寺庙庆典的一部分,人们为这些舞蹈雕刻了精美的面具,用石头雕刻饰满寺庙,将把精心制作的祭品献给神灵。

这些习俗所依据的宗教/哲学的世界观没有认识到物质和意识、超自然和自然以及上帝和人类之间存在着明显的质的区别。巴厘人的宗教是印度教的一个特别版本,它以印度人的印度教为基础,但已改变了土著居民的泛灵论的思想传统。神和女神被认为存在于所有的事物中:精神世界被看作一种必须认真对待的生活的力量。当精心制作的物体,如面具或小的玩偶,降世以听从人类的要求时,它们旨在为主人巨大的精神力量的降临做好准备。因此,一个仪式面具不仅有助于想象神的力量,而且还为它们提供了临时显灵的物质表现。在参加礼仪舞蹈时,人们往往认为戴面具的人由这些神灵所支配。在西方意义中,面具不是艺术品。神圣的面具永远不会被陈列在墙上,而是被保存在布袋中,并且雕刻面具被认为是一个神圣的过程(Belio,1970;Covarrubias,1932;Ramseyer,1938;Slattum,1992)。

因此,我们可以看到,在巴厘人的文化中,新颖不是创作的目的,个人的自我表达是受到阻止的。最近,一项有关美国艺术家和巴厘艺术家的比较研究指出了这种关于艺术创作的价值差异。在访谈中,美国人强调自我、自我认知和自我表达,而巴厘人则把他们的艺术视为"一种需要其他人参与、需要奉献和服务于神的精神以及需要考虑宗教文本的相关主题的共同作用的结果"(Gaines & Price-Williams,1990,p. 109)。作者还指出,"随着艺术家的个人心理退隐到背景之中,巴厘人的作品中出现一种一般化和类型化的倾向"(p. 109)。另外,还提到独创性在性质和作用方面的差异。美国人总是想到作者身份和真实性的问题,可与之相反,巴厘岛的人则认为,"抄袭别人的设计是允许的,这是对别人的一种赞美"(p. 108)。

因此,个性、独创、自由的自我表达和完全新颖的观点在巴厘人的艺术创作中显然是缺乏的。然而,这并不意味着巴厘岛的艺术家想象力不丰富。相反,他们丰富的想象力是以例举之前存在范式的方式来展示的。正如Jhanji(1988)所说:

> 对于这些艺术家来说,他们的创造性就是把永恒转变成图像,就是在求助于原作和原始物的意义上具有原创性(p. 169)。

Weiner(2000)指出,这种类型的解释,虽然没有集中谈论新颖性本身,但仍然是富有想象力的。

> 创新的反义词不是传统,而是粗心的习惯和常规。在一个传统的框架中,一个模式的重复会是或不会是一种例行的呆板的过程,它也可能是一个对那种模式进行个人化解释的机会(p. 153)。

进一步说:

问题不在于相同的模式是否不断重复出现,而是作品中是否充满了引发人们独特地呈现传统主题的创造性激情……拥有可遵从的创造的常规和模式并不意味着个体创作者不可能是独特的或者作品质量没有差别(pp. 154－155)。

Jhanji(1988 年)用一种类似的格调指出:

　　不必说,把原始的艺术表现形式放在优先位置有时确实会导致平庸的艺术家利用现成的方法对工艺品进行机械性复制。但是,这个事实总是被新颖艺术的爱好者夸大。传统的艺术形式注重对高超艺术技巧的现存规范熟练而创新地加以应用,而不太重视新颖性和特别有创造力的独立性(p. 170)。

　　此外,尽管巴厘人的艺术注重传统而非新颖性,但它确实吸纳了革新要素,并已拥有一段变革和发展的历史。例如,一位面具舞蹈家一旦掌握了他老师的舞蹈形式后,就会在他的表演中引入他自己的风格、变动和即兴创作(Spies & DeZoete, 1983;Slattum, 1992)。不同的仪式面具尽管例举了一个特定的传统人物并符合其一般性格特点,但是它们不会完全相像。巴厘人的口述传统认为,那些著名面具的现存形式是特定的有创造性的个体雕刻家的作品(Slattum, 1992)。

范例 2:文艺复兴时期的艺术

　　尽管在当今西方文化中关于个性、独创、自由和自我表达是想象力的中心的假设很重要,但是在文艺复兴之前这些假设并没有发挥重要的作用。艺术不会被视为艺术家内心世界的表现。相反,艺术活动只是与纯实用的手工艺品的制作有关。画家和雕塑家被视为手艺人,他们的技巧是通过师傅带徒弟、致力于传承传统的方式来掌握的。个性不是一个要考虑的重要因素。所有工匠都是行会的成员,艺术创造通常是一个集体加工的过程,而且多半是匿名的。艺术作品也不被视为对个性自我表达的表现。相反,艺术创作是为了满足顾客的需求,同时顾客也决定着其中的具体内容和图像。艺术创作与个性、原创、自由和自我表达无关。

　　在文艺复兴时期,艺术经历了一次向令人惊讶的包含着空前的表达价值的自然主义的戏剧性转变。伴随视觉艺术在内容上的这些变化，一个被改变了的艺术活动的概念和画家的一种新角色（雕塑家或建筑师）出现了——他们也是艺术家的一种。艺术创作提高了它作为手工劳动的地位，并赢得新的尊重和威望。有个性的艺术家得到承认、受到追捧，并获得更多的自治权。诸如发明、天才和想象力等词语被运用于他们的作品。

人们对于艺术的性质和实践在这个时期为何发生重大变革的一般解释是，这个时代有幸拥有一些运用他们的想象力引起这些变革的天才，他们是具有非同寻常的才能、创造力和见识的杰出个体。

然而，我认为，情况要比这种描述所包含的内容复杂得多。事实上，艺术中的这些变化包含着许多因素，这些因素相互关联，呈现出错综复杂的网状关系：

1. 经济繁荣，由此产生的巨大财富可用于艺术，受过良好教育的、有教养的精英支持艺术制作，并致使促进优秀作品和统一艺术标准产生的艺术人才的汇集。

2. 人文主义出现，集中于古代，集中于对古希腊和古罗马的思想和成就的重现，它们作为文艺复兴时期艺术发展的中心，并提供了可供复制和模仿的经典作品模型和技术。

3. 人文主义哲学，强调人的尊严和自由，展现了科学观察以及诸如数学、解剖学、光学、几何学、力学、色彩和光学理论等科学发展的可能性，所有这些都对艺术产生了深刻影响。

4. 出现了一个新的绘画目标（或者说，重新发现了一个古老的目标）——模仿或仿造，以及不断增长的自然主义绘画的成就。

5. 科学和技术的极大进步，包括油画颜料的发明，促使颜料的分层成为可能，诸多文艺复兴时期油画表现性效果特征得以创建，并且发现了（或重新发现）线条透视图，由此，人们可以创作空间幻想，自然主义的表达也得以实现。

6. 艺术家的培训极其严格，要求模仿经典作品、模特、古代作品，以及扮演有生命的模特（注重技术的掌握，而非原创）。

7. 艺术家自己齐心协力改变人们对于艺术的看法，通过工作使其作品的学术方面获得认可。

8. 艺术家和顾客之间关系的转变，顾客开始给艺术家一些创造性发明的余地。

9. 艺术家和艺术评论家 Giorgio Vasari 的作品,主要负责把 Leonardo 和 Michelangelo 构造成创造性天才,在后来的作品中才有了归属(Ames-Lewis,2000;Barzun,2000;Boorstin,1992;King,2000;Kristeller,1990;Turner,1992)。

以上的考察表明,文艺复兴是如何改变个性、原创、自由和自我表达在艺术中的作用的。但是,想象力及其在艺术中的作用的观念似乎与我们的现代概念仍有一些距离。人们考察这种差异的一个重要领域则与原创性的观点有关。在文艺复兴时期的艺术中,原创性的问题基本上不存在争议。事实上,许多创新是对古代文物的重新发现,这不被视为一个缺乏原创性的问题,相反,它被视为是可取的。培训和工作的主要方法是复制和模仿,其中包括复制原著和其他艺术家的作品(Ames-Lewis,2000;Turner,1997)。

艺术想象力的现代意义是指从艺术家的内心世界中像变戏法似的变出一些新的东西,这在文艺复兴时期的艺术理论中是不存在的。艺术的目标不是个人的创造,而是模仿或仿造。艺术家们并不试图生成价值或变戏法似的变出新的东西。相反,他们的目标是捕捉现实,既重现外表,又反映这个世界中等级化的道德秩序。虽然个性化的风格日渐得到认可,但它也常常受到怀疑。例如,Alberti 认为,它是"有待全体艺术家征服的极限,而不是一个受欢迎的个性表达"(Kemp,1977,p. 390)。同样,Leonardo 指出:"个人判断的习性必须被一个根据对自然法则的严格考察而得来的绝对标准所替代"(引自 Kemp,1977,pp. 390 - 391)。文艺复兴时期的艺术是以这些观点为基础的,模仿自然是最重要的,艺术需要理性知识,以及文物为实现这些目标提供了最好的可能性指导。发明和想象力永远不会凌驾于艺术的这些基本原则之上(p. 396)。

尽管在文艺复兴时期艺术家对其作品拥有的自主权确实不断提高,但在现代艺术背景中追求理想事物的意义上,从来没有绝对的自由。从哲学中发展而来的自由意志的观念是一个有限的观念,艺术和社会对艺术家的制约仍然很大。艺术许可的范围仍受到严重制约,大部分作品仍然是为完成任务而创作的(Welch,1997)。

艺术品的当代观念把艺术品定义为艺术家想象力不受约束的产品或艺术家内心世界的真实表达,尽管这一观点并不适合于文艺复兴时期的艺术,但我们认为,在文艺复兴期间创造的大量作品仍具有高度的想象力,有些甚至成为想象力丰富的作品典范。这在很大程度上是由于自然主义发展的结果,它使作品中包含着前所未有的丰富感情。因此,作品中的丰富想象力与一系列环境的、智力的、艺术的和社会的因素相关,其中许多因素是外在于艺术家的。认为艺术变革是由少数拥有非凡想象力的创造性天才所引起的观点是极其成问题的。在一定程度上,创造性天才的观点似乎塑造了诸如 Vasari 及其艺术观点的追随者等作家。想象力不应被视为一种在文艺复兴时期突然盛行的、使某些个体能够推动根本性变革的特殊能力,在更准确的意义上,想象力的概念与发明、天才等相关概念应被视为是在这种社会变革过程中建构和转换而成的(Bailin,2003)。

完全不可否认的是,文艺复兴时期的一些(实际上许多)艺术家是特别有才能、富有献身精神和有远见的个体,他们在其艺术领域创造了重大变革,并使其作品拥有不可超越的美和表现力。但是,思考这些个体拥有哪些特质的一个更好的方式应是从能力与个性联合的观点出发,这些能力与个性是由大量丰富和广泛的知识所激发的,通过严格训练所培养的,它们与环境、知识、艺术和社会的因素相互作用,由此产生革新的和想象力丰富的作品。

无论是在巴厘人的舞蹈这个案例中,还是在文艺复兴时期的艺术这个案例中,艺术创造似乎与新颖、发展许多可能性或个体的自我表达无关。相反,它集中于对传统作出贡献。然而,我认为,在这种背景下创造的作品应被视为想象力丰富的,后者①与绘画和表演方式的有效性有关。以这种方式来看,想象力与对诸多艺术的精通有着密切关系。因此,创造富有想象力的作品的艺术家必然被认为是想象力丰富的。

培养丰富的想象力

在我开始展开分析培养想象力的内涵之前,重新审查有关这个问题的争论将是有益的。我先把想象力的当代概念定义为生成价值的能力,与生动的图像、强烈的感情和丰富的精神生活有着强有力的联系,并将之融入概念。可以进一步假定,在较高的程度上拥有想象力将导致富有想象力的作品的产生。我们珍视想象力主要是因为它与个性、原创、自由和真实的自我表达这些现代社会所必需的品质相联系。

---

① "后者"指"文艺复兴时期的艺术"。——译者注

我已指出想象力的能力定义存在一些问题,出于我们的考虑,拥有任何特定的心理能力并不一定是导致富有想象力作品产生的重要因素。此外,在现代西方文化中,想象力与个性、原创、自由及自我表达之间建立的联系并不普遍,而是一种基于社会和智力等多种因素的建构过程的产品。那么,114这给我们讲述的想象力是,在考虑创作想象力丰富的作品中,我们关于自我和想象力性质的现代假设是没有必要的。

这一切对于试图培养想象力意味着什么呢?首先,强调想象力是一般能力或一系列心理过程不一定会导致富有想象力的结果。想象力不会通过运用脱离实际情境的技术,如设想、生成大量的观点或关注新奇的事物等,使自身获得发展。

相反,被视为构成富有想象力的作品的要素将根据背景而有所不同。正如 Barrow(1998)在前面所说的,成为一个富有想象力的雕塑家所需要的东西与成为一个富有想象力的史学家所需要的东西完全不同。因此,教育上的中心内容是对训练曲目的深刻理解及高水平的演奏技巧。

构成想象力丰富的要素不仅随着学科背景有所变化,而且随着文化背景也有所不同。把想象力丰富看成新颖性和个性的自我表达,反映了现代和西方的价值观。在传统社会中,想象力丰富更多的是和个体如何举例说明和重新解释传统的艺术表现形式有关。

把个性、独创和自由的自我表达的观念融入想象力的现代概念,是一个渐进的历史发展的产物,受到经济、历史文化、技术和智力等诸多因素的影响。这种发展的早期阶段在文艺复兴时期很明显,此后更多方面被加入进去,在浪漫主义时期最为明显(Abram,1953;Furst,1969)。

想象力的现代概念仍然与更加广泛的社会文化条件和价值有密切联系。Dissanayake(1995)指出,我们现代西方的艺术概念的内涵"依赖于商业、商品、所有权、历史、进步、专业化和个性这些观念,并和它们交织在一起"(p.40)。例如,对于原创的思考与所有权的概念和艺术商品化相关,审美的个人主义与经济和政治的个人主义相联,注重自我和自由则反映了在社会上远离集体和集体主义。

认识到想象力的概念有一段历史,且受制于社会文化环境,这当然并不能证明其缺乏准确性或有用性。但是,这种认识在概念的多个方面确实给我们提供一些关键的落脚点。通过审查,显然想象力的现代概念倾向于只强调描述富有想象力的作品的特性的连续体的一端。它强调完全的新颖和非连续性，但是所有的革新不管如何新颖都产生于传统，并表现出与以往事物的连续性(Bailin，1994)。它强调自由，但自由在任何时候不是也不能是绝对的。一个人总是在纪律和社会性质的制约下工作着，这些提供了想象力丰富的作品可能存在的框架。例如，在文艺复兴时期由行会设置的艺术标准在当代已被由学院、博物馆和艺术评论家确定的标准所取代(Dissanayake 1995，p. 196)。此外，对新颖的需求自身在当代艺术中已成为一种限制。想象力的现代观念强调个性，但这没有承认在所有富有想象力的作品中背景和共同体所发挥的作用。它还强调自我表达，但当代理论家已指出，自我从来不是孤立的和自由移动的，相反，它是由其背景、生命形式及与不断发展的文化会话相互作用构成的(Taylor，1989)。

一旦人们认识到，想象力的现代概念是一种文化建构，而不是对一种固有的心理事实的描述，这就有可能质疑价值观念和讨论署名的习惯性做法。这种质疑正逐渐成为当代艺术实践的一个特点。例如，一些女权主义艺术家通过合作甚至是匿名创作的方式拒绝单独强调个性。Felshin(1995)指出，许多艺术团体积极分子

> 要么希望保持匿名，要么已经选择团体名称，从而对独特的原作者、私人表达与艺术家的狂热崇拜者等艺术世界的概念提出质疑……这些团体中大部分构成成员随着时间不断改变的事实……进一步表明艺术团体积极分子不重视独立表达的理念和作者身份。(p. 11)

用于制造艺术复制品的新电子技术的应用已对原创和原作者的传统观念提出质疑。因此，McLuhan 指出："随着新技术发挥作用，人们越来越少地认识到自我表达的重要性。团队工作接替了个人的努力"(McLuhan，引自 Felshin，1995，p. 11)。

富有想象力作品有可能在创新与传统、自由和束缚、个体和合作、内心和外表之间保持的动态张力之中诞生。如果想象力是一个不断发展的概念，那么它可能已在一个方向上发展得太远。现在，我当然赞同创新、个人自主权和自由表达的重要性。我当然不主张压制个性、盲目遵循传统或无
视人的内在生活和学习质量。相反，我认为，我们需要从巴厘人的舞蹈和文艺复兴时期的艺术中吸取经验。想象力应存在于上述两极之间保持的一种动态张力之中。把富有想象力作品的图像视为起因于一种孤独的个体自我

的自由表达和源于他或他自己心灵里的东西，是不准确的，并带有误导性的。这需要用如下认识加以修正：即把人视为生活在一个社区中、沉浸在一种生活形式中、受到社会文化环境影响的个体，他同化认知工具和社会文化知识，在与传统文化的积极对话中以丰富、细致、多样化的形式创造富有想象力的作品。这些必须在想象力教育中发挥最重要的作用。

第八章 "想象发言"：想象与问题青年的教育

Andrew Schofield

Jag 热衷于自由说唱,我是他所在的青年文化教育计划里的老师,有一天,我问 Jag,他是如何保持自由说唱时刻的韵律和连贯性的(这种时刻能够持续 20 分钟以上),Jag 解释说:"哟,哟。① 我只是一直想象着在发言。"②Jag 用说唱模式回答了我的问题,这也反映了他的生活世界,他居无定所,经常或真实、或虚幻地抵抗着毒瘾对他的诱惑。无独有偶,另外一位学生在介绍他自己的一本诗集时写道:

> 我的名字是 Scott Maloney。我住在加拿大不列颠哥伦比亚,我到处游走。我喜欢在街道上游走的感觉,因为只有少数人了解它的意义——这件事情有着独特的意义。因此,在我的作品中,我试图向每个人都展示出在街道及其周围游走是什么样的感觉。(Moloney, 2002, p. 3)

Jay 的说唱涉及想象力、传记以及教育学的融合,而 Scott 的选集却融合了传记、想象文化的呈现、青少年对正误的理解以及他对街道生活的解读。他写道:"我来自那个地方,至今我仍然关注着它所存在的意义。因为像您这样的人可能长年出门在外,却仍然不了解其存在的意义。"(2002 年 3 月 13 日访谈)两个学生通过多种方式,包括他们的口头表达、校外文化、社会文化、多媒体技术来展现想象、社会文化、自传、教与学过程等如何集中体现在问题青年生活中。我将在本章中探讨这些因素是怎样融合的。

学校、教室与社会背景

在一个同行录制和剪辑的访谈中,Kuresh 评论说:"这个教室不像一个
普通的教室,更像一个家庭或一所教堂。我们更像是一个社区。"(2003 年 4 月 18 日访谈)在 Kuresh 的世界中,尽管教堂四处可见,但是 Kuresh 还是很

---

① 伴随着热情,重复手指向下的姿势。
② 喂,我只是通过想象某种说话方式来做(这件事)的。

难体会到家和社区的感觉，因为学校所处的周围环境充斥着低收入、高犯罪率以及一系列社会问题（Surrey Social Futures，2005）。

本章主要内容，即 Kuresh 提到的教室和青年文化教育项目设在一个学习中心。学习中心成立于 2000 年 8 月，是一个拥有 61000 名学生的学区中的 125 所公立学校之一，也是不列颠哥伦比亚省最大、加拿大发展最快的地区之一。在学区中，已经设立了 5 个学习中心，每个学区都为问题青年①提供重点支持，在这些学习中心，问题学生有机会读到 10 至 12 年级直至毕业。

学习中心的学生（年龄范围从 15 至 21 岁不等），面临着许多问题。例如，学习中心 7％以上的学生在一学年的某些时刻独自在街道上生活。平均每月有 4 名学生出入地方青年拘留中心，一半以上的学生在他们的日常生活中、在家里或者在街上接触过暴力。一个关于青少年犯罪、毒品和暴力问题的网站（加拿大另类教育中心 1999 年，p. 2）调查显示，超过 60％的学生指出轻轨车站是他们社会交往的一个重要据点。在文化班学生中进行的抽样调查显示，学习中心上午组学生中 64％的学生没有吃过早餐，并且，直到 11 点，他们也没有吃任何食物。

学区的校长每年除了挑出一些问题学生之外，还会确定该学区谁的读写能力非常低，谁在省级标准化评估测试中分数很低。学习中心的教育计划项目也包括学区内教育程度低的问题学生。例如，在省级标准化的评估测试里，学生在阅读理解方面低于平均水平的分为五个等级，在算术方面低于平均水平的分为六个等级；在阅读理解方面，超过 25％的被评估者成绩在第五级水平或之下，学习中心 30％的学生因为文化方面的原因退出，文化课程中 60％的学生被诊断为存在学习障碍或注意力缺陷障碍，或两者兼而有之。

青年文化教育计划中的 32 名学生大部分是男生，他们被分为上午组和下午组，这些文化水平、算术能力不同、生活经验存在差异的学生被安排在全日制的同一课堂上。学生可自由停止文化课程和离开学习中心，同时新的学生被接纳进来。由于不断有学生的进入和退出，从而需要一种灵活的教学方式，如个性化、集体性以及及时的文化教育支持和指导。

抵达学校后，我和学生讨论了他们的毕业选择和意向。我们共同建立

119

———————

① 学区辅导员，学习与心理学家和校长制定的"危险"标准。中度（323 类），重度（333 类）标准已经制定。行为"困难"的学生归为 323 类，须使用外部力量支持的学生为 333 类。

了一个能在学习过程中调整的学术计划。学生一般首先从10年级英语课程开始，但3周后，学生普遍转到10年级的科学或数学课程项目，因为这些课程提供了更宏大的逻辑结构，最后学生完成10年级的社会研究以及个人职业和规划课程。

通过综合口头想象、资料背景、学生的生活自传，青年文化教育项目远超于传统的文化项目。传统的课本式教学关注于阅读和写作能力以及通过多种文化形式来进行自我表达的机会。学生的自传建立在他们生活的材料背景和生活事件、学生个人阅读及对这些自传再读的基础之上。下面，就这个方法是如何应用的进行讨论。

教 室 的 应 用

在此提到的案例研究涉及两名学生的工作，Aaron和Bryan。Aaron即将完成他的10年级学业，Bryan已经读到12年级。Bryan于2000年8月参加了文化班，Aaron于2002年3月参加。作为沟通课程需求的一部分，Bryan需要阅读一本小说。Aaron正竭力去掌握第十社团的第一国际研究中心的各组成部分。Aaron是一个能够准确把握象征和隐喻的阅读者，Bryan是一个专注而具有奉献精神的研究者，他在酒店厨房完成一夜的烤箱排气管通道的清洗工作后，回到学校后即投入到学习当中。2002年10月，我鼓励Bryan和Aaron利用他们的想象力、真实自传以及小说《骑鲸人》(*The Whale Rider*)中所体现出的毛利文化(Ihimaera，1987)来共同完成一项工作。

这部小说讲述的是一个8岁毛利女孩Kahu和她的曾祖父Koro-Apiana的故事，她的曾祖父是所在社区中年龄最长的首领，他正在经历复杂的思想斗争：一方面，他要坚持领导地位，世袭传承的信仰；而另一方面，作为他的继承人的长子，要离开社区。这使Kahu有可能成为下一个部落首领。Koro开设了一所只招收男学生的乡村学校，向他们传授毛利人的传说和文化。Kahu尝试着进入学校学习，但遭到拒绝，并为其曾祖父所嘲笑。但最后，她赢得了曾祖父的尊重，曾祖父承认她是唯一的一名女学生(p.145)。我知道，Bryan和Aaron将能够呈现出Kahu的鲜明的个性特征。对于他们俩，对角色人生奋斗特征的鲜明呈现将是其重要的学习经历。此前，他们已基本被不列颠哥伦比亚主流的性别观念社会化了，因而(以不同方

120

式)无视于性别与认知上的差异。

得知 Bryan 正尽力去理解小说象征性的方面,我在他阅读完小说大约一半的内容之后,介绍他看电影版本。我鼓励 Bryan 和 Aaron 一块看电影。在这一点上,我使用了 Egan 的两个组织结构,对 Bryan 而言是哲学的方式,对 Aaron 而言是浪漫的方式。我预计,随着一系列课程活动的实施,Aaron 的工作方式愈显哲学化,Bryan 愈显浪漫化。

当电影观摩结束后,我让这两个学生各写一篇观后感。两个人在这个工作上非常积极。偶尔,他们会讨论部分电影片段,有时我们在白板上以两人或三人一组的形式讨论电影。

Aaron 以他之前从未有过的兴趣来阅读小说,而 Bryan 写道(所有错误都出自学生最初的写作):

> 哇,那是一部有趣的电影。它在很大程度上涉及到精神本质的东西,我认为结局是乏味的,他们将船驶入海中……祖父是这一部落的首领。Koro‐Apiana 不喜欢 Kahu 成为领导者的观点,因为在本土文化观念中,女孩不应该是一个领导者(2003 年 1 月 12 日,课堂练习)。

在 Aaron 的评论中,他偏重于毛利族和原著居民文化的精神文化:

> 我一直对本土文化和历史很感兴趣……他们始终相信,他们深爱的精神的东西存在于鲸鱼之中,但我相信这也同样存在于其它动物之中,如鹰。我知道的并不是很多,但鹰在他们的宗教活动中有着很重要的影响(2003 年 1 月 12 日,课堂练习)。

Aaron 在他回顾小说时回到这个主题,他指出,"通过阅读这本书,它帮助我认识到他们的宗教是如何起作用的,以及不同的东西在他们的宗教活动中象征着何种重要的事情,如鲸象征着他们的神和逝去的首领"(2003 年 8 月 12 日,课堂练习)。

在总结他对电影的评论时,Aaron 写到:

> 它告诉我不管你信仰何种宗教,如果你真正相信你自己,你在生活中就会幸福。因为如果你对生活中的任何事情,像教育或工作,及那些

对你来说仍然是光荣的，忠诚的，和你所信仰的精神感到信任的话（be fale at），那么当你面临死亡时，你可以说你知道你究竟是谁，而且死得有尊严（2003 年 7 月 12 日，课堂练习）。

Bryan 问我，"那个女孩，还有其他一些人体表的文身代表什么？为什么他们在跳舞的时候一直伸出舌头？"（2003 年 3 月 12 日，日记）。

我要求学生查阅互联网，研究毛利人舞蹈和身体文身的百科全书，最后准备一份简短的电子演示文稿。这次练习花费了 5 个小时，持续了 3 天。我收到的最终作业是一个 90 秒钟的关于毛利人舞蹈的描述，然而，在学生的注释中，我发现，他们的研究包括阅读和对毛利人身体文身主要特征的记录。通过反思他们这个方面的作业，Bryan 评论说：

> Aaron 写了很多文章，他在这方面比我强。我做了很大一部分的研究调查，发现了所有的照片，并在文身上获得信息。Aaron 详细描写了这些素材并用一些好词。他擅长描述——就像他在一张幻灯片中提到"简洁"一样。

> 我从毛利人身上学到很多研究技能。他们如何生活，如何行事。很多次我都忘记如何用词，我学会了忍耐，良好的写作技巧及备份和保存。我多次修改"there"和"their"的写法，直至完全正确。（2003 年 9 月 12 日学生反馈日志）

虽然 Aaron 和 Bryan 这两个学生关于哲学和生存的争论的反映仅限于这本小说，我想看看更深层次的情感理解。我希望学生们把他们的情感反映先从"遥远的"原著居民文化转向我们自己的社区，然后转向我们自身的生活。为了加深这种情感冲击，我通过情感写作的方式要求他们转向浪漫想象文化。下一个练习是每人写两封信，第一封是 Kahu 给她的曾祖父 Koro，表达她的情感和因他的不断拒绝而对自己自尊的影响。第二封信，详细说明他的反应。

122　在这一点上，Bryan 因为他工作的缘故错过了一个星期的学校时间，但我还是想继续将 Aaron 对毛利文化的兴趣与不列颠哥伦比亚的第一国际经验联系起来，我给他讲了一个简短的故事，关于造物主如何将"痊愈"这一礼物送给人类。我给 Aaron 一根长 10 英寸、宽 6 英寸的红杉木和一套凿子，并要求他通过雕刻给我一个答复,而不是要求他进行曾导致他极为排斥学校教育的传统阅读和阅读理解练习。

Aaron 问,如何才能把一个故事转化为一个木雕,或一个木雕如何才能写成一个故事。他不确定要雕刻什么,也不确定什么样的内容应从他的雕刻中去除。素描几种可能的雕刻品后,他最后决定,发挥自己的象征和隐喻特长,而不再过分担心人们是否能够从他的雕刻中看到这个故事。

随着 Aaron 雕刻工作的结束,我完成了这一单元的任务。Bryan、Aaron 和我的讨论贯穿在不同的课堂练习中(常常还包括加入到谈话中的其他学生),小说和电影的中心冲突是传统的和变化的,父权制,青年的身份和长者的价值①。这些课程也以不同方式吸引了其他学生。举例来说,Aaron 的雕刻模式被 Youswe 用来作为阅读、写作短篇小说和黏土模型制作的基础。并且,Youswe"阅读"Aaron 的雕刻并基于对此设计理解,制作了一个黏土模型。随后,Youswe 从情感上日益接纳学校,并逐渐恢复了对学校的兴趣,Youswe 将 Jose Saramago 的小说《文盲》(*Blindness*)的前两章做成电影版,Aaron 积极参与课堂生活,在学生电影中表演,并担任摄像师和顾问。在他结束学业找到工作之前,他开始将短篇小说《我们的秘密》(1991 年)制作成电影版的《伊莎贝尔·阿连德》。对于 Bryan,因两门课程表现不佳,在 12 年级毕业时遇到困难。Bryan 辍学在酒店餐馆做全职的抽油烟机通风管道的清洁工作。

在接下来的一节中,我将探讨在此提出的案例研究在青少年和青年的文化教学法以及 Egan 的想象框架(1997)两个领域的研究意义。

青年文化:文化、传记和想象

在中学一级的文化教学中通常强调阅读和写作教学(Surrey School District,2003),许多文化分析侧重于文本和文字掌握的过程。这一"自动"的文化模式(Street,1984)通过社会和多元文化理论得到丰富。社会的文化强调"利用书面语言的一般文化形式",并将文化作为研究者兴趣所向的"根本"……文化在社会实践中发挥了一定的作用(Barton & Hamilton,2000,

123

---

① 这些冲突在电影和小说中几次出现高潮。其中一次发生在电影中而不是小说里,曾祖父问小女孩:"你都做了什么?"出乎人们的预料,最后曾祖父妥协了,并对小女孩说道:"英明的领导请原谅我,我不过是一只刚刚学飞的小鸟啊!"

p. 7）。研究考查了文化的实践方式——日常的文本，个人生活。在各种文本中，阅读和写作"是文化事件的一个关键部分，文化研究部分上是一种对文本以及其是如何产生和使用的研究……文化最好是被理解为一种社会实践；这些是可以通过书面文本所传递的信息观察到的。"（Barton & Hamilton，2000，p. 9；强调来自原文）。

多元理论将文本和文化的定义扩充为包括多种形式的表达形式和新意义创造（Cope & Kalantzis，2000，p. 5），并认为文化教学不仅应该"解释各种与信息、多媒体技术有关的文本形式的发展"（新伦敦小组，2000，p. 9），而且学校应设计"包括不同事物、适应不同语言形式、说教形式、学习者的课程，并利用这些作为学习的资源"（p. 18）。社会文化（Barton，1994；Street，1995）和多元文化理论（Cope & Kalantzis，2000）提醒教师，文化实践是多样性的，应通过多样化的媒介来实施。学校的文化教育实践活动应容纳不同的学生、文化和文本形式。

基于对社会和多元文化理论的深刻了解，我试图反思："我们在教什么，以及……现在可以应用什么样的文化教学模式。"（新伦敦小组，2000，p. 10）我发现当转向想象、自传（而非身份）和实际的教学实践时，社会多元文化理论不再有效。为了克服这个问题，我开始让学生读、写，我开始借助于强调神秘主义、英雄主义、存在主义的口头和写作想象的形式，即通过将教科书结合到叙事、人物传记及学生的生活故事中来实现。我与 O'Brien（1998）通过观察去超越多元文化理论。对于那些正在与文化做斗争、且被传统中学排斥在外的少年来说，传记、抗拒、学校文化实践等问题应该在课程改革中居显著位置。

在这方面，重要的是要认识到传记和身份是不同的。后结构主义者和多元文化理论家认为，"人是有着多个生活世界体验的成员，所以他们的身份存在于有着多种复杂关系的基础层面"①（新伦敦小组，2000，p. 17；强调是后加的）。身份，这种散漫的有关身体的界定、（更重要的）与个人意识整体融合的概念，是"传记"概念的一个组成部分。人物传记不仅指一个人所呈现出的不同特性，还应包括对这些特性的解读。例如，虽然我各方面的身份特征是显而易见的（我的性格和种族），我的传记仍然是一个选择性诉说

① 两组差异的起源自然是非常不同的。对于后结构主义者，差异是由社会和叙述的文字本质而造成的；对于多元文化理论家而言，差异是通过个体对不同社会团体的关系而产生的，这包括工作、种族、性别、娱乐等等。

的故事。这种诉说取决于我的记忆、我的想象力、听众和背景。

这种教学方法把10—12级课程与传记及指定的问题青年的想象联合在一起。通过从关注读、写、文本到向一系列课本材料汇编而成的叙述性故事的转化,这种方法扩展了目前的"青少年文化"概念、"多元文化"理论和"想象框架"模型(Egan,1997)。这些故事是通过利用青少年传记和他们丰富的、复杂的身份和想象,在课程允许的范围内完成的。青年文化教育必然包括:充分理解青年在自传中的角色,他们的叛逆以及基于他们在课程内容和学校体制条件下的想象力(Alvermann,2001;Cope & Kalantzis,2000;McCarthey & Moje,2002)。通过把这些对青少年身份的理解并入到一个由口述、想象、文本读写界定的框架中、一个充分利用可得到的技术条件进行学习的框架中,以此,定义青年文化教育,将想象教育的框架带到生活当中去。

结　　论

青年文化教学法鼓励学生在得到课程、传记、想象等教育指导的同时,也应该通过不同的文化传统、流行风格及知识内涵来发展写作表述能力。这个过程没有终点,有时候会显得很难坚持。随着时间的推移,问题青年会不断展现他们自身的能力。他们会参加一些文化活动或选择相关课程,有些人也会中途退出,有些人两种活动都会参加,有些可能参加一段时间又退出了。文化从某种意义上可以看作是一种"短暂性的呈现积极、决定性参与的变革行为"(Freire & Macedo,1987,p.54)。

第九章　富有想象力的多元文化教育：
关注一种包容理论

Mark Pettes

大体上看来，在过去的一百多年里，学校没有在真正意义上发生改变。虽然教室、教学法、课程、课程表以及奖惩措施等都得到了定期的修改完善，然而，支撑上述变化的基本的态度和理念却被证实没有发生根本性的变化。举例来说，美国的 John Goodlad(1989) 和英国的 Cedric Cullingford (1991) 都发现，学生在校的大部分时间一直处于被动，一味听从教师的指令或只是消极地学习。从这一点看，其它许多方面也一样，如今的课堂与二十世纪早期的课堂极度相似。

然而，至少有一个变化是值得注意和令发表上述言论的观察者震惊的，那就是现在城市学校里，学生大多生活在工业化时代。种族、语言和宗教多样性交织在现在的学校生活中。在刚过去的一个世纪中曾出现过大量的经济移民和全球范围内的人口更替，造成的原因有战争、瘟疫、自然灾害等；与此同时，也出现了新的通信技术的发展；国际往来的加剧以及城市化的稳步发展。这些相关因素带来了世界经济和文化中心地区人口的急剧多样化，不仅波及到本地居民还有外来移民。学校中的课堂也映射出了这些问题。

这一事实具有怎样的意义？从大量的教育文献来看，似乎意义并不大。"学校教育"这个功能性词汇是建立在这样一种范畴之上，它较少考虑社会和文化的多样性。多样性充其量只是构建个人的理解力、学习能力（及不能学习的能力）、人格和行为等特质。在这种背景下，我们有必要回顾一下，公立教育从最初起源时其核心目标之一就是超越差异：为每一个阶级和种族群体的儿童提供共同的文化和技术资源，这些资源将帮助他们融入到国家具有符号特征的经济社会中。作为这种传统的产品和继承者，教育工作者往往将多样性仅仅作为有待克服的一系列问题，或者是赛道上的一排排障碍，不管怎样，他们的终极目标是一致的。

也许，我们无法苛求那些信服此种理念的人去改变。教育一直非常关注是什么和应该是什么，仅仅是不同教室的存在，并没有要求我们将多样性看作教育的一种好处。但是，我认为把它作为教育的**机会**是明智的。这不仅是一个教授和学习不同知识的机会，同时也是重新考虑我们认为理所当然的教学概念的机会。多样性仿佛一束强光射入到教室的角角落落，包括

走出"盒子"的教与学

被我们忽视的昏暗的隐蔽处,甚至令人感到不舒服的课桌下面。

我们之所以不愿意进行这种测试,正如 Mikhail Bakhtin(1981)提到现代文化向心的力量时,指出在教育文献里"多元文化"的主题处于相对边缘地位。在过去的四个世纪,人们已经做出了巨大努力来发展人类事务的可预测性和可靠性;很多时候,这涉及一个群体的人,他们将其思维方式、说话方式、信仰、习俗和法律等强加在他人之上。正如 Bakhtin 和其他批评人士指出,这种过分的集中统一,渗透到我们生活的方方面面(经济、政治、语言及其他),我们为此付出了认识论上的代价。在一系列不同主题上,从我们的心理构成到星系群的生存和死亡,我们依据他人的有影响力的文字和思想来认识什么是真的、什么是正确的。这是一个日渐丰富却又彼此疏离的环境,因为它带给我们非常丰富的知识,同时又让我们缺乏对自我的体验。(Smith,1990)然而,多样性恰恰包含这些体验细节。许多人已经感受到,看重多样性就是将教育置于首位,放弃一味追求成果的启迪教育,开发融入现代多元文化的教育新理念。

该想法的说服力取决于人们是否认为目前的教育是在丰富我们的生活和文化。如果情况不是这样(诸如在前文提到的 Goodlad 和 Cullingford 的作品的研究结果,事实上是对大多数儿童学校经验的相当准确的描述),那么,至少这种想法可能听起来不错,也是我们必须努力达到的任务结果;也有可能这种理解从根本上就是错误的。但是,大多数教育研究者会认同前者,即教育是在丰富我们的生活和文化;我则更认同后者。我想表明的是多样性只是放大了存在于现实教育中的困难,我们有必要形成一个解决这些困难的多元文化教育观念,去澄清这种概念并进行实证研究。正如大家所期待的,这本论文集的主题——想象力将在这一争论中发挥关键作用,但首先要谈谈它的基础。

现 代 动 态

全面、多范围地思考教育的一种途径是将重点放在所谓的教育三角关系——教师、学生以及教学内容间的关系(或"我、你和它",引自 Hawkins,1974)中。现代性的影响之一及其对排序的不满窄化了我们对其中每个角色及它们之间关系的认识。

首先将焦点集中在三角关系中的两个人类因素上,作为"我"的老师和作为"你"的学生可以纯粹的作为独立个体、或者是从他们的角色来理解,而不是在更广泛的文化和体制环境中去理解。师生之间就是简单的角色关系,这种关系可以相应的得到观察和经历,彼此都不需要接受挑战或改变自己。除非师生关系一开始就被视为一对矛盾体,否则,师生之间是可以达到相互理解的。

同时,作为教学内容的"它"将学习与在更广泛社会中产生知识与文化的过程联系起来,这个过程通常发生在学校之外。这意味着,在课堂上的教学内容通常是加工品的形式(文本或其他内容),其中创作的过程及其社会背景并没得到彰显。更有甚者,这些加工品以课程的形式被允许出现在学校中,本身并不受学校的控制。诚然,这些加工品来自他们自身既定的权威:认可的知识或文化知识权威。因此,在三角关系中,教师在建立与教学内容之间的关系时,极易呈现出一种简单的权势并且很难将其打破,因为这有可能破坏教师在课堂上的形象。教师和课程之间的关系为学习者提供了一个模式,模式自身不鼓励跨越那些完善的规则限制。因此,最典型的现代教育动态体系产生了:以教师和教学文本为中心的课堂,丝毫没有考虑到学习者本人或学习者的背景。

当然,很久以来进步教育一直试图改变这一动态体系,并且也实施了各种不同的激进的措施。这些措施包括把知识生产的地点至少部分地转向教室,希望建立一种更丰富的"你—它"关系。正如三十多年前 Basil Bernstein (1971)指出,想要有效地从教育制度上获得改变,摆脱文本对教育者的束缚,还需要教育理论的支持和推动。(Bernstein 得出的结论是:大家公认的是要改变以教师为中心的课堂这一"看不见的教育学"形式)。进步主义的危害是,不去呼吁学生和教师超越自我,也不采取方法去鼓励他们超越周围简单化倾向的文化,以儿童为中心的课堂可能成为以自我为中心的课堂——这确实构成了保守派批判这种教育方法的核心。

我们应当明确,无论是"传统教育"还是"进步教育",教室都不会完全瘫痪。这两种教育为一些教师和学生服务,这部分学生有一些来自少数民族和工人阶层。但是有充足的证据证明后者不成比例地脱离于这一教育系统,在这一系统中,这两种教育是最主要的。当文化介入到课堂三角关系这个动态体系中时,这个系统潜在的问题全暴露了。交际障碍削弱了师生关系、与文化产品自身权威性相伴产生的任意的武断与排外性的教训、学校缺乏对差异与探究的认识能力,导致学生积极探究活动的受限。

一小部分教育科研工作者逐渐认识到了这些问题,他们的研究注重多样性,但还不是一个直接的发现过程。这是因为这个问题的不同概念已扎根于我们关于学校的日常思考之中,从根源上看,它不是教育处方,而是思想文化和特性。我们认为,人们对自我价值的认识,在某种程度上取决于公众对自己价值的认可,包括自己所属的文化团体的价值。为了加强儿童对学校的喜爱,包括他们的学习意愿,学校需要在课程中涉及家庭文化的各方面以及教室的环境。通过艺术、手工艺,实地考察及其他手段,来实现上述目标。伴随着对宽容的总体强调和各种文化之间的理解,这样的做法越来越广泛,以致它们有时成为"多元文化教育"的本质。

　　这里的中心思想是重要的,有意义的,正如 Charles Taylor(1994)提到的,这种思想深深扎根于现代自我意识,即使在表层,这种做法也肯定了在儿童生活中文化差异的意义。他们可以使儿童获得难忘的体验,这种体验帮助他们更积极地关注自己与他人,使儿童跨越文化鸿沟。然而,即使在这种最优条件下,人们对课程的多元文化组成部分的学术意义缺乏认识,或认为它是次要的。学校真正关注的是,文化应让孩子们感觉良好,并鼓励他们把更多的精力投入到所谓的高级别、高水平的知识(英文、数学、科学)中。文化在这个意义上的政治代表性,确实使它成为学术课程,但这通常会失去其与孩子理解之间的联系,并成为一个在永无止境的旅途中更加捉摸不定的一站(例如,Rochelle Gutierrez's[2000]美国学校多元文化数学测试)。作者得到了类似 Sonia Nieto (1999)的结论,其大意是"学生的学习和教师的转变需要在非常核心的多元文化教育中进行"(p. 163)。仅仅课程改革是不够的。

　　在过去的 40 年里,多元文化教育认识到这些问题,并做出了相应改变。教师可以从少数民族中招募,或针对这些方面进行相关的教育;课程改革可以包括这些文化或与之相关的东西;学生探究可以在课堂以外的社区中进行;学生的经验可以带入课堂用来探索研究。但是,显而易见的是,这些干预却改变不了该系统根本的动态模式。少数民族教师会因为社会化而变得死板,丧失教育方法;教师关于孩子们的文化和学习方式的观点可以被要素化;"文化包含"会导致改革后的课程像它们所取代的那些课程一样客观又脱离实际;学校与社区间的交流会变得肤浅、疏远。现代文化动态的行为像一个重力场,将学校拖向一个极具地方特色的较小的交叉文化中,尽管那些有洞察力的老师和其他参与的教育者对此持反对意见。

如果这一反对力量有名字，那就是想象力。良好的多元文化教育是扩大了教师和学生想象力的教育。良好的多元文化教育会培植出这样的学校，这些学校对其社会和学生进行再认识，这些学生尽全力将这一想象变为现实。这个概念存在于潜在的文化中，但使它明确下来，可以帮助我们看到事物之中的联系，避免走向极端。事实上，它可以帮助我们更好地理解教育，这个相互关联的世界就是多元文化教育：正如一个富有想象力的人将会这样做，而不是多元文化的教育要求。

想象力的四个层面

到目前为止，经过分析，我们可以看出，教育呼吁想象力至少在以下四个方面或层次展开：

道德层面，其中的"我与你"，对应的情感是同情；

审美层面，其中的"我与它"，对应的情感是惊奇；

社会生态层面，其中超越了"我—你—它"的关系，而走向了包括三者的世界，其对应的情感是希望；

最后，精神层面，其中的"我与自我"被认为是我们了解自身的广大空间，这超越了自我意识。这种追求一直是所有伟大的宗教教义之一（其中包括现代作家 Carl Jung）。我未能找到一个合适的单词来准确表达精神想象力的情感对应，但最好是在传达某种事物的感觉，这就对一个人提出了过高的要求。

现在，在这里他们自己的情感并不重要：他们仅仅是一种让我们知道其它的事情正在进行或有可能发生的方式。当我们内心世界与外部世界相吻合时，我们会感觉到一种"获知时刻"的迹象。学习本身可能是即时的或几乎毫不费力的，也可能是长期的和严酷的。学习有可能并不需要我们的已有知识，（将他们配置成新的方式或新的用途），也可能要求我们掌握新的知识（物质或精神的或两者都有）。最初的领悟、创意的火花、认知带来的震撼，无论我们想怎样表达想象对学习的促动，基于对这个道义的、诗意的、美感的、社会化的、生态的或不完全精神意义的世界的理解，想象学习可能是完整且完美的，也可能是误导的、模糊的，也可能根本就是错误的。想象学习并不能保证什么。

因此在以想象力为核心的教育理论中，它并不是一种能解决现代焦虑的教育理论。Maxine Greene（1995）明确指出，随着时间的推移，她的"释放想象力"教育将"帮助我们寻求更多的认知冲击，更多的探索，以及对意义的深入探讨，更积极地参与到人类社会的无止境的追求"（p. 151）。对她来说，这一追求是多层面的。诗意的想象力，社会的想象力，塑造自己生命故事的想象力，所有这些有助于塑造一位有影响力的老师。她在书里提倡坚决反对"习惯、理所当然、无可置疑"（p. 23）。她清楚地论及"多元化热情"。

132

> 为了让我们能体验到存在多种可能性，当我们在听一个人谈论他所在的团体时，我们每个人都要扩充和深化自己的思考。如果我们突破或破坏我们表面的平衡和统一，这并不意味着特定的民族或种族的传统将要或应该取代我们自己的……我的观点是我们像需要包容性一样需要开放性和多样性。我们必须避免不变性，甚至对多元文化的成见（161－163）。

这不是一种限定目标的追求，也没有一个明确的方向。目标体现在追求的过程中。然而，说富有想象力的教育理论必然是开放的或不完整的，并不意味着我们就不能做得更好。人们对这种教育期待的并不是有什么万无一失的诀窍，而是期待能够促进这种教育发生的策略、方法或者哲学体系。换句话说，如果这种教育能够以非常严格的方式构思，那么对"如何更好地促进学生想象力的发展"的研究将很有教育意义。

这种观念，可能体现在以上四个层面上的文学作品中，但即便如此，我对其中的大多数也不熟悉。在下面这一节，我将目光集中在论述想象力的诗意审美层面的著作中。这一做法是建立在 Kieran Egan 的主体工作之上，在这项工作中我对文化包容给予了更多的关注。尽管迄今为止尚未完成，但接下来的论述也证明了发展学生想象力的研究工作将继续进行的可能性。

教育想象：一出悲喜剧

在我看来，Egan 的作品围绕着以下四大主题，正如他在其最完整的一部教育理论《受过教育的心灵》（*The Educated Mind*）（1996）中所总结的：

- 对情感在思考和理解中重要作用的强调；

- 在持续进步的不同阶段中文化影响这一概念；
- 对发展想象力过程中得失的叙述；
- 对具有想象潜力教师的乐观态度；
- 尽管这些主题中对每一个别的教育思想家都有提及，但是 Egan 把它们综合到了一起。

在先前的叙述中我们已经强调了情感的作用，如今，无论是在认知科学还是哲学领域，尽管情感的影响作用还没有完全被认清，但是都广泛认识到情感在思考过程中的中心地位。思想和情感，身体和精神分离是如此深深地植根于西方传统，以至于我们都不清楚要想克服这种分离状态到底要深入到基础的哪个层面。Andy Clark(1997)写道："四分五裂的状况将会得到重组。"

那么，想象在 Egan 的作品中，无论是从理论上还是实践上，都发挥着填补裂缝的作用，在教学的重新概念化方面，想象发挥着中心作用，确保我们不会落入旧概念的陷阱中，同时也使我们把教学注意力转向心与脑的互动。

Egan 的"文化影响"概念，使这一想法更准确、实用。从哲学上讲，它是与维果斯基那些更广为人知的理论相关，但它是以不同的方式完成的。在维果斯基看来，在智力发展过程中，语言获得会产生根本突变的作用：幼儿对世界的探索，成为了解周围世界方方面面的渠道，因此，教育就是通过科学理解世界建立一些发展理念来帮助他们疏通这些渠道，获得发展。不同于其他许多人，包括同时代的皮亚杰，维果斯基从一个积极的角度来看待想象，但想象并不是他智力发展的核心概念。

半世纪后，Egan 对语言和规则性思考在发展性作用方面的归因不再那么绝对，虽然他也认为，引入口头语言带来了了解世界的一套新工具，但是他强调这种转变在某种程度上依赖于理解的形式，以及语言的即时性经验带来的限制。同样的，虽然他也把规则性思考描绘成一种智力发展的高级阶段，但这决不是他的教育理论中最重要的成果。这一成果，只能在他的总体发展计划中才能得到真正理解，这个成果反过来将阐明他自己对文化影响的看法。

Egan(1997)认为，可以在现代社会中看出，有五种"截然不同"的理解，首先是我们每个人通过身体力行进入世界所获得的理解。尽管这种理解一直处于发展中，但是我们的口头语言使我们掌握了新的工具，使我们更加深远地、抽象地、完整地理解这个世界的规则：Egan 称之为神奇的理解。接着，我们进入到书面语世界,发展了浪漫的理解。随后,或许能发展具有规律性特征的哲学的理解。然而,这种理解还有可能发展成一种更高的状态,Egan称之为批判的理解,即对我们更好认识这个世界所具备的优势和劣势所进行的反身的批判的理解。

鉴于此,这样的发展主题似乎只呈现了它的进步性,教育中又出现了一个如此受欢迎的喜剧性主题,然而,值得关注的是 Egan 将每一阶段的得与失都作了阐释。他提到,在神奇的理解中,一旦我们获得了神奇的感觉,经验就变得不那么直接和生动;正相反,在浪漫的理解阶段,神奇思维的力度和深度将被更多的文字和以人为本的观念所取代。哲学思考的概括和抽象的特点,可能会破坏浪漫心理,而批评的理解可以很容易地陷入一种玩世不恭的相对论。因此,教育面临的挑战是如何在每一个阶段保持其最好的特点,即使有新的思想在形成,也要确保后者尽可能是充满活力和灵活的,只有做到这一点才能达到一个全面发展和综合批评理解的目标。

接着,Egan 提出的是一个取代喜剧的教育悲喜剧。同时,也是一个历史悲喜剧,他认为,从躯体的理解到批判的理解类似于文化发展阶段,在每一阶段都有部分损失;在很久以前,从类人猿到语言的使用,写作的发现,规则的制定,以及越来越多的认识,在过去的百年里,这些都没能确切地提供究竟什么是现代性的基础。

显然,这是一个以西方历史为基础的观点,因为书写和规范性思考并没有在所有文化中发挥相同的作用。因此,它旨在向教育机构申请,向新一代灌输西方思想(或更广泛地说,是现代传统思想)。所以它不会吸引偏向于在细枝末节处批评经典的人,而是吸引了寻求现代化的权宜之计的一些批判者,这有助于形成一种新的文化历史和思考模式。Bakhtin(1981)在喧哗(*heteroglossia*)的概念中,民族语言包含了"众多具体的国家,众多的语言意识形态和社会信仰体系"(p. 288),与 Bakhtin 不同,Egan 认为不同的理解在世界各地的教室、学校和社会中占有重要地位。不是将一种理解方式凌驾于其它方式之上,他的教育计划要求我们认真地对待这些理解—— 同时又要去寻求它们的进一步发展,挖掘它们在更深入的层次上了解自我和世界的潜力。

制定这一任务需要我们大家的共同努力,但教师必须承担部分任务。基于这种哲学认识,Egan 将其相当多的注意力集中到他的课堂实践理论中,这种情况并不多见。他的作品有《故事教学》(*Teaching as Storytelling*)

(1986)，《教与学中的想象》(*Imagination in Teaching and Learning*)
(1992)，以及最近的《富有想象力的教学方法》(*An Imaginative Approach to Teaching*)(2005)。他提出如下方法：教师可以重新制定课程，利用和发展学生的想象力，并特别强调在小学培养神奇的理解与浪漫的理解。2001年，Egan和一些同事在西蒙·弗礼泽大学创立了想象力教育研究组，与教师和其他教育工作者共同来推进这项工作。该小组现在提供了一个关于想象力教育的硕士课程，每年召开一次大约400人参加的会议，正在执行一个为期五年的研究项目，同Aboriginal社区和英国哥伦比亚不同地方的校区合作。

虽然现在仍处于相对早期阶段，学校教师的工作经验已经表明，将想象力注入课堂是一项比表面上看起来更加困难和复杂的任务。教师们需要以不熟悉的方式去思考，去获取各种新资源，承担因对所教授内容不熟悉而带来的风险，并重新审视自己关于儿童学习和社会文化作用的这一假设。这样的结果与前面提到的多元文化教育有着惊人相似的结论："仅仅课程改革是不够的"，这个信息传达了，它应该被用火焰般醒目的字刻在任何实施想象力教育的教室的墙上。事实上，这正是我们的工作，在不同的课堂教学中执行Egan的想法。这些教材使研究产生出多维度的框架，它们有能力调和课程与想象性教育的其他各方面之间的关系。

富有想象力的多元文化的项目

136　　这个项目似乎是合乎情理的，其目的是将道德、审美、教育的社会和精神方面进行整合。可以用更普遍的方式来应用Egan这些辛苦获得的教育理论。下面是源于上述讨论的一些探索性指导原则：

1. 儿童的理解不同于成人，但他们的精力或内在的一致性并不低于成人。看看在想象力发展中有哪些得失。尤其要研究是什么使儿童深深地去理解世界，好奇心、同情、希望或者期待。不要企图从成人角度出发让他们快速进入这个阶段，相反，应在各个阶段挑出最适合的东西去培育他们。

2. 想象力的发展是文化的，公共的，而不是个人的。留意文化历史的主要过渡阶段，深入了解可能存在的障碍和可能出现的变革。试图了解这些过渡时期重要的文化人物的视野和动机，以此培养当代儿童类似的情感。

3. 假设人们一次只可以在一个想象力层面工作，这可能是不真实的。这里介绍的四个方面是彼此紧密联系的。比如，在审美层面的课程工作中，有更深的道德基础；努力发展儿童的社会性理解，很可能会提高他们的自我精神意识等等。出于这个原因，在指导教育整体远景时，在学校实施富有想象力的教育很可能会进行得更顺利。如 Rudolf Steiner（华道夫学校），Gregory Cajete（土著教育），以及 Ken Wilber（综合教育）。

4. 有利于想象力发展的好的教学非常重要，这是不言而喻的。然而，这种教学也需要教师自身的发展，在所有的四个方面，也许从长期来看并非只有一次。通过仔细思考，我们必须给予这种教师培养的支持。在这一方面，使用 Egan 的方法对教师做一个很小的研究也是值得注意的（Mckenzie & Fettes，2002），这表明在长期致力于想象力教学的过程中，同事，行政人员和大学合作者的支持是非常重要的。

其中的许多原则，在最近的多元文化教育文献中以各种不同的形式重新出现。举例来说，Sonia Nieto（1999，130 - 161 页）讲述了自己的研究生是如何逐渐了解他们自己以及他们的学生的特性与更广泛的社会关系之间的联系；Sleeter 和 Montecinos（1999）将两个不同领域的经验进行对比，旨在促进这种理解；Lesko 和 Bloom（2000）承认"灵魂"，他们要求开放课堂，和同学们进行触及人性与体验的对话；Johnson（1992）和 Cpdell（1999）则通过追寻老师复杂的奋斗过程来理解和辅助自己在城中区学校的教学工作。在这些工作中，对想象力重要性的认可同样是不言而喻的。如果我们能让这成为一个明确的重点，并从社会和道德根源来扩大我们的多元文化教育，以此获得诗意和精神，那么新的变化就会出现。

Sharon Bailin 是加拿大西蒙弗雷泽大学教育系荣誉退休的教授,她曾经教授的课程有创造力、艺术和戏剧教育,课程哲学和理论。她的论著大多涉及创造力、批判性思维以及艺术戏剧教育。她的著作《实现非凡目标:有关创造力的论文》(*Achieving Extraordinary Ends:An Essay on Creativity*)获得了加拿大委员会的"教育书籍基金奖"。她在全世界范围内,包括香港、新加坡、以色列、意大利、墨西哥和英格兰,介绍了其著作。Bailin 博士是(北美)教育哲学协会前任会长。

Sean Blenkinsop 是西蒙弗雷泽大学教育系想象教育的副教授。他有 20 年的教龄,其课程主要围绕课堂内外的科技和环境问题。Blenkinsop 博士在哈佛大学获得教育学博士学位,在明尼苏达州大学获得理学硕士学位。他现在也是想象教育研究团体的副主任。如需更深入地了解该组织,可见网站 www.ierg.net.

Kieran Egan 是 20 本书的作者,是更多著作的合作者、编辑和参编者。他获得了 1991 年格莱威米尔教育奖。1993 年他被推选进入加拿大皇家协会,2000 年入选美国教育研究院,2001 年成为加拿大研究协会主席。他的多数著作被翻译成大约 10 种欧洲和亚洲语言。他的书包括:《受过教育的心灵:认知工具是如何决定我们的理解力》(*The Educated Mind:How Cognitive Tods Shape Our Understanding*,1997),《建造我的禅宗花园》(*Building My Zen Garden*,2000),《错在当初:来自斯宾塞、约翰·杜威和让·皮亚杰的进步主义者的遗产》(*Getting It Wrong from the Beginning:Our Progressivist Inheritance from Herbert,Spencer,John Dewey,and Jean Piaget*,2002),《教学的想象途径》(*An Imaginative Approach to Teaching*,2005),《教学基本知识:激发新读者和作者的想象力》(*Teaching Literacy:Engaging the Imagination of New Readers and Writers*,2006)。

Mark Fettes 是加拿大西蒙弗雷泽大学教育系的一位副教授。他的研究集中在探讨教育和社会变革的体系化的全面的策略,尤其是那些因人们对生态持续性和文化社会多样性的关注而提出的策略。为了达到这个目的,他着力推进社会和教育理论的"生态"模式的发展,该模式有利于加强组织和社区的决策能力,增加除现行制度外能够想象得出的供选择的事物的范围。通过探讨语言、想象、社区和学校的相互作用，他的作品涵括了广泛的领域，包括语言认识论和社会学、教育和评价、教育行政、语言政策和计划、翻译和解释。他与来自加拿大不同地方的原住民紧密合作，在 2006—2007 学年里请假，到位于英国哥伦比亚学区 50 号的 Haida 教育学院做副院长。

Peter Liljedahl 过去是一个高中的数学教师，他也是三个精力充沛的孩子的父亲。现在他是西蒙弗雷泽大学数学教育系的副教授。Liljedahl 博士的兴趣在于问题解决的创造性、计算、数学衔接以及教师的专业成长。为达到这个目的，他的研究集中在问题解决及其对教与学的影响上。Liljedahl 博士现在的研究项目包括问题解决环境对学生的情感影响、数字背景下的教师行为的变革，以及教师行为的替代评价的含义。

Geoff Madoc-Jones 在威尔士长大，他就读于当地的登比文法中学，考入班戈的威尔士大学历史系并获得学士学位。1968 年他来到加拿大，1969 年到 1985 年他在温哥华和阳光海岸教授小学和中学的语言艺术。从 1985 年开始，他在教育系工作，做过教师教育者，毕业设计中毕业设计的开发者，以及教职工。在这段时间里，他也获得了硕士学位和哲学、解释学和语言艺术教育的博士学位。最后，他被聘任为副教授，他的研究兴趣包括解释学，教学诗歌和语言历史。从 2004 年开始，他已经成为教育领导计划教育学博士的协调员。他与 Jennifer 结婚，并育有三个孩子：Ruth，Gareth 和 Sian。

Andrew Schofield 在南非向民主过渡时期，在全国和地方教育政策重建工作组服务，曾做过教师、教师教育者和学区行政官员，南非是他的出生地。2001 年他回到课堂，在一所市中心的中学里教学和研究。他与问题学生一起，探讨身份的叙事建构、想象和青年识字教育的相互作用。这项工作在国际上获得由"国际阅读协会主席"颁发的"阅读与技术奖"（2006）。他的教学因其与想象教育研究团体间保持长期的关系而内容充实。

Maureen Stout 住在加拿大温哥华，是一个独立的研究者、作家，及当今的房地产经纪人。她最近在西蒙弗雷泽大学念博士后，之前曾担任过 Northridge 加利福里亚州大学教育系的副教授。Maureen 在加利福尼亚大学洛杉矶分校获得教育学博士学位，从伦敦大学和伦敦经济学院分别获得语言和政治硕士学位。她还获得过英国哥伦比亚大学的英语学士学位。她的著作有《感觉良好的课程：美国孩子以自尊的名义保持沉默》（*The Feel-Good Curriculum：The Dumbing-Down of America's kids in the Name of*

Self-Esteem，2000）。

Keiichi Takaya 于 2004 年从西蒙弗雷泽大学获得博士学位。他的研究兴趣是教育的哲学和历史基础。他是想象教育研究团体的研究员，现在在东京女子医科大学等多所日本大学教授英语和教育。

Abram, D. (1996). *The spell of the sensuous.* New York: Vintage.

Abrams, M. H. (1953). *The mirror and the lamp: Romantic theory and the critical tradition.* New York: Oxford University Press.

Abrams, M. H. (1958). *The mirror and the lamp: Romantic theory and the critical tradition.* New York: Norton. (Original work published 1953)

Allende, I. (1991). Our Secret. In I. Allende, *The stories of Eva Luna.* London: Atheneum.

Alvermann, D. (2001). Reading adolescents' reading identities: Looking back to see ahead. *Journal of Adolescent and Adult Literacy, 44*(8), 676 – 690.

Ames-Lewis, F. (2000). *The intellectual life of the early Renaissance artist.* New Haven, CT: Yale University Press.

Arendt, H. (1977). *Between the past and future.* London: Penguin.

Arnheim, R. (1969). *Visual thinking.* Berkeley: University of California Press.

Aronowitz, S., & Giroux, H. A. (1985). *Education under siege: The conservative, liberal and radical debate over schooling.* South Hadley, MA: Bergin and Garvey.

Ashcraft, M. (1989). *Human memory and cognition.* Glenview, IL: Scott, Foresman.

Bachelard, G. (1958). *The poetics of space* (Trans. Maria Jolas). Boston: Beacon.

Bailin, S. (1988). *Achieving extraordinary ends: An essay on creativity.* Dordrecht, Holland: Kluwer.

Bailin, S. (1994). *Achieving extraordinary ends: An essay on creativity.* Norwood, NJ: Ablex.

Bailin, S. (2003). Is argument for conservatives: Or where do sparkling new ideas come from? *Informal Logic, 23*(1), 1 – 15.

Bailin, S., Case, R., Coombs, J. R., & Daniels, L. B. (1999a). Common misconceptions of critical thinking. *Journal of Curriculum Studies, 31*(3), 269 – 283.

Bailin, S., Case, R., Coombs, J. R., & Daniels, L. B. (1999b). Conceptualizing critical thinking. *Journal of Curriculum Studies, 31*(3), 285 – 302.

Bakhtin, M. (1981). *The dialogic imagination: Four essays* (C. Emerson & M. Holquist, Trans. and Ed.). Austin: University of Texas Press.

Barbeau, E. (1985). Creativity in mathematics. *Interchange, 16*(1), 62 – 69.

Barnes, M. (2000). "Magical" moments in mathematics: Insights into the process of coming to know. *For the Learning of Mathematics, 20*(1), 33 – 43.

Barrow, R. (1988). Some observations on the concept of imagination. In K. Egan & D. Nadaner (Eds.), *Imagination and Education* (pp. 79 – 90). New York: Teachers College Press.

Barrow, R. (1990). *Understanding skills: Thinking, feeling, and caring.* London, Ontario: Althouse Press.

Barton, D. (1994). *Literacy: An introduction to the ecology of written language.* Oxford, UK: Basil Blackwell.

Barton, D., & Hamilton, M. (2000). Literacy practices. In D. Barton, M. Hamilton, & R. Ivanic (Eds.), *Situated Literacies: Reading and writing in context* (pp. 7 – 15). London: Routledge.

Barzun, J. (2000). *From dawn to decadence: 1500 to the present.* New York: Harper Collins.

Belio, J. (1970). *Traditional Balinese culture.* New York: Columbia University Press.

Benjamin, W. (1969). *Illuminations* (Harry Zohn, Trans.). New York: Schocken Books.

Bernstein, B. (1971). *Class, codes and control: Theoretical studies towards a sociology of language*

(Vol. 1). London: Routledge & Kegan Paul.

Beth, E., & Piaget, J. (1966). *Mathematical epistemology and psychology.* New York: Gordan and Breach.

Block, N. (Ed.). (1981). *Imagery.* Cambridge, MA: Massachusetts Institute of Technology Press.

Boorstin, D. J. (1992). *The creators.* New York: Random House.

Borwein, P., & Jörgenson, L. (2001, December). Visible structures in number theory. *MAA Monthly, 108*(5), 222-231.

Brown, S., & Walters, M. (1983). *The art of problem posing.* Hillsdale, NJ: Lawrence Erlbaum.

Bruner, J. (1962). *On knowing: Essays for the left hand.* Cambridge, MA: Belknap Press.

Bruner, J. (1964). *Bruner on knowing.* Cambridge, MA: Harvard University Press.

Bruner, J. (1977). *The process of education.* Cambridge, MA: Harvard University Press. (Original work published 1960)

Bruner, J. (1986). *Actual minds, possible worlds.* Cambridge, MA: Harvard University Press.

Burton, L. (1984). *Thinking things through.* Oxford, UK: Basil Blackwell.

Burton, L. (1999). Why is intuition so important to mathematicians but missing from mathematics education? *For the Learning of Mathematics, 19*(3), 27-32.

Canadian Centre for Education Alternatives. (1999). *Peer to peer literacy corps: Stage 3.* Funding documentation prepared for Ministry of Advanced Education, Training and Technology, Province of British Columbia. Vancouver, British Columbia: Author.

Casey, B. (n. d.) *Let's play.* BBC Education Online. Retrieved July 18, 2002, from http://www.bbc.co.uk/education/grownups/articles/geneducation/letsplay/printable.html

Casti, J. L. (1989). *Paradigms lost: Tackling the unanswered mysteries of modern science.* New York: William Morrow.

Chambliss, J. J. (1974). *Imagination and reason in Plato, Aristotle, Vico, Rousseau, and Keats.* The Hague, Netherlands: Martinus Nijhoff.

Clark, A. (1997). *Being there: Putting brain, body, and world together again.* Cambridge, MA: Massachusetts Institute of Technology Press.

Cobb, E. (1977). *The ecology of imagination in childhood.* Dallas, TX: Spring Publications.

Codell, E. R. (1999). *Educating Esmé: Diary of a teacher's first year.* Chapel Hill, NC: Algonquin.

Coleridge, S. T. (1816). *Kubla Kahn.* Retrieved November 18, 2002, from: http://www.thecore.nus.edu.sg/landow/victorian/previctorian/stc/kktext.html.

Coleridge, S. T. (1985). *Biographia literaria.* Princeton, NJ: Princeton University Press. (Original work published 1817)

Coles, R. (1989). *The call of stories: Teaching and the moral imagination.* Boston: Houghton Mifflin.

Cope, B., & Kalantzis, M. (Eds.). (2000). Introduction. In *Multiliteracies: Literacy learning and the design of social futures* (pp. 3-8). London: Routledge.

Cornford, F. M. (1941). *The Republic of Plato.* London: Oxford University Press.

Covarrubias, M. (1932). *Island of Bali.* Oxford, UK: Oxford University Press.

Cullingford, C. (1991). *The inner world of the school: Children's ideas about schools.* London: Cassell.

Davis, P., & Hersch, R. (1980). *The mathematical experience.* Boston: Birkhauser.

de Montaigne, M. (1993). *Essays* (J. M. Cohen, Trans.). London: Penguin. (Original work published 1580)

Dewey, J. (1933). *How we think.* Boston: D.C. Heath.

Dewey, J. (1938). *Logic: The theory of inquiry.* New York: Henry Holt.

Dewey, J. (1966). *Democracy and education.* New York: Free Press. (Original work published 1916)

Dewey, J. (1985). *Democracy and education.* In *The middle works* (Vol. 9). Carbondale: Southern Illinois University Press.

Dewey, J. (1987). *Art as experience.* In *The Later Works* (Vol. 10). Carbondale: Southern Illinois University Press.

Diggins, J. P. (1994). *The promise of pragmatism: Modernism and the crisis of knowledge and authority.* Chicago: University of Chicago Press.

Dissanayake, E. (1995). *Homo aestheticus: Where art comes from and why.* Seattle: University of Washington Press.

Egan, K. (1986). *Teaching as story telling.* London, Ontario: Althouse.

Egan, K. (1992a). *Imagination in teaching and learning: The middle school years.* Chicago: University of Chicago Press.

Egan, K. (1992b). *Imagination in teaching and learning: The middle school years.* London, Ontario: Althouse.

Egan, K. (1996). *The educated mind.* Chicago: University of Chicago Press.

Egan, K. (1997). *The educated mind: How cognitive tools shape our understanding.* Chicago: University of Chicago Press.

Egan, K. (2002). *Getting it wrong from the beginning: Our progressivist inheritance from Herbert Spencer, John Dewey, and Jean Piaget.* New Haven, CT: Yale University Press.

Egan, K. (2005). *An imaginative approach to teaching.* San Francisco: Jossey-Bass.

Egan, K., & Nadaner, D. (Eds.) (1988). *Imagination and education.* New York: Teachers College Press.

Eisner, E. W. (1985). *The educational imagination: On the design and evaluation of school programs* (2nd ed.). New York: Macmillan.

Engell, J. (1999). *The creative imagination.* Cambridge, MA: Harvard University Press. (Original work published in 1981)

Felshin, N. (1995). *But is it art? The spirit of art as activism.* Seattle, WA: Bay Press.

Feynman, R. P. (1999). *The pleasure of finding things out.* Cambridge, MA: Perseus.

Fine, M. (1994). Working the hyphens: Reinventing self and other in qualitative research. In N. K. Denzin & Y. S. Lincoln (Eds.), *Handbook of qualitative research* (pp. 70 – 82). Thousand Oaks, CA: Sage.

Fischbein, E. (1987). *Intuition in science and mathematics: An educational approach.* Dordrecht, Holland: Kluwer.

Freire, P., & Macedo, D. (1987). *Literacy: Reading the word and the world.* London: Routledge.

Frye, N. (1963). *The educated imagination.* Toronto, Ontario: Canadian Broadcasting Corporation.

Furst, L. (1969). *Romanticism in perspective.* New York: Macmillan.

Gaines, R., & Price-Williams, D. (1990). Dreams and imaginative processes: American and Balinese artists. *Psychiatric Journal of the University of Ottawa, 15*(2), 107 – 110.

Garrison, J. (1997). *Dewey and eros: Wisdom and desire in the art of teaching.* New York: Teachers College Press.

Goodlad, J. (1984). *A place called school: Prospects for the future.* New York: McGraw-Hill.

Greene, M. (1995). *Releasing the imagination: Essays on education, the arts, and social change.*

San Francisco: Jossey-Bass.

Greene, M. (2000). *Releasing the imagination: Essays on education, the arts, and social change.* San Fransisco: Jossey-Bass.

Gross, A. G. (1990). *The rhetoric of science.* Cambridge, MA: Harvard University Press.

Gutiérrez, R. (2000). Is the multiculturalization of mathematics doing us more harm than good? In R. Mahalingam & C. McCarthy (Eds.), *Multicultural curriculum: New directions for social theory, practice, and policy* (pp. 199 – 219). New York: Routledge.

Hadamard, J. (1954). *The psychology of invention in the mathematical field.* New York: Dover.

Hanson, K. (1988). Prospects for the good life: Education and perceptive imagination. In K. Egan & D. Nadaner (Eds.), *Imagination and education* (pp. 128 – 140). New York: Teachers College Press.

Hawkins, D. (1974). *The informed vision: Essays on learning and human nature.* New York: Agathon.

Hilgenheger, N. (1993). Johann Friedrich Herbart. *Prospects: The quarterly review of comparative education*, *23* (3/4), 649 – 664. Retrieved April 21, 2004, from http://www.ibe.unesco.org/International/Publications/Thinkers/ThinkersPdf/herbarte.pdf

Hirst, P. (1969). The logic of curriculum. *Journal of Curriculum Studies*, *1* (2), 142 – 158.

Hofstadter, D. (1980). *Gödel, Escher, Bach: An eternal golden braid.* New York: Vintage.

Holton, G. (1986). *The advancement of science, and its burdens.* New York: Cambridge University Press.

Hume, D. (1888). *A treatise of human nature* (L. A. Selby-Bigge, Ed.). Oxford: Oxford University Press. (Original work published 1739)

Ihimaera, W. (1987). *The whale rider.* New York: Harcourt Children's.

Jhanji, R. (1988). Creativity in traditional art. *British Journal of Aesthetics*, *28* (2), 162 – 172.

Johnson, L. (1992). *My posse don't do homework.* New York: St. Martin's.

Johnson, M. (1993). *Moral imagination: Implications of cognitive science for ethics.* Chicago: University of Chicago Press.

Kasner, E., & Newman, J. (1940). *Mathematics and the imagination.* New York: Simon & Schuster.

Kearney, R. (1988). *The wake of imagination: Toward a postmodern culture.* London: Hutchinson.

Kearney, R. (1994). *The wake of imagination: Toward a postmodern culture.* London, UK: Routledge.

Keatinge, M. W. (Trans. and Ed.). (1901). *The great didactic of John Amos Comenius.* Kila, MT: Kessinger.

Kemp, M. (1977). From "mimesis" to "fantasia": The quattrocento vocabulary of creation, inspiration and genius in the visual arts. *Viator: Medieval and Renaissance Studies*, *8*, 347 – 398.

Kemp, T. P., & Rasmussen, D. (1989). *The narrative path: The later work of Paul Ricoeur.* Cambridge, MA: Massachusetts Institute of Technology Press.

King, R. (2000). *Brunelleschi's dome: How a Renaissance genius reinvented architecture.* New York: Penguin.

Kristeller, P. O. (1990). *Renaissance thought and the arts.* Princeton, NJ: Princeton University Press.

Krutetskii, V. (1976). *The psychology of mathematical abilities in schoolchildren.* Chicago: University of Chicago Press.

Kuhn, T. S. (1962). *The structure of scientific revolutions* (2nd ed.). Chicago: University of Chicago Press.

Lesko, N. , & Bloom, L. R. (2000). The haunting of multicultural epistemology and pedagogy. In R. Mahalingam & C. McCarthy (Eds.), *Multicultural curriculum: New directions for social theory, practice, and policy* (pp. 242 - 260). New York: Routledge.

Liljedahl, P. (2004). *The AHA! experience: Mathematical context, pedagogical implications.* Doctoral thesis, Simon Fraser University, Burnaby, BC, Canada, 2004.

Luria, S. F. (1986, April). Review of *The transforming principle,* by Maclyn McCarty. *Scientific American, 254*, 24 - 31.

MacIntyre, A. (1981). *After virtue.* Notre Dame, IN: University of Notre Dame Press.

Mason, J. , Burton, L. , & Stacey, K. (1982). *Thinking mathematically.* London: Addison-Wesley.

McCarthey, S. J. , & Moje, E. (2002). Conversations: Identity matters. *Reading Research Quarterly, 27*(2), 228 - 238.

McCleary, D. (1993). *The logic of imaginative education.* New York: Teachers College Press.

McFarland, T. (1985). *Originality and imagination.* Baltimore: Johns Hopkins University Press.

McKenzie, M. , & Fettes, M. (2002). *Imaginative education as praxis.* Burnaby, BC: The Imaginative Education Research Group, Simon Fraser University.

McLaren, P. (1994). *Life in schools: An introduction to critical pedagogy in the foundations of education.* White Plains, NY: Longman.

McMillan, M. (1923). *Education through the imagination.* New York: D. Appleton. (Original work published 1904)

Mock, R. (1971). *Education and the imagination.* London: Chatto & Windus.

Moloney, S. (2002). *My thoughts.* Unpublished manuscript, Surrey, BC.

New London Group. (2000). A pedagogy of multiliteracies. In B. Cope & M. Kalantzis (Eds.), *Multiliteracies: Literacy learning and the design of social futures* (pp. 9 - 37). London: Routledge.

Nieto, S. (1999). *The light in their eyes: Creating multicultural learning communities.* New York: Teachers College Press.

Noddings, N. (1984). *Caring: A feminine approach to ethics and moral education.* Berkeley: University of California Press.

Noddings, N. (1995). *Philosophy of education.* Boulder, CO: Westview Press.

Nussbaum, M. C. (1990). *Loves knowledge: Essays on philosophy and literature.* New York: Oxford University Press.

Oakeshott, M. (1989). *The voice of liberal learning.* New Haven, CT: Yale University Press.

O'Brien, D. (1998). Multiple literacies in a high school program for "at risk" adolescents. In D. Alvermann, K. Hinchman, D. Moore, S. Phelps, & D. Waff (Eds.), *Reconceptualizing the literacies in adolescents' lives* (pp. 27 - 50). London: Lawrence Erlbaum.

Peirce, C. S. (1955). The scientific attitude and fallibilism. In Justus Buchler (Ed.), *Philosophical writings of Peirce.* New York: Dover Publications. (Original work published 1896 - 1899)

Perkins, D. (1985). Reasoning as imagination. *Interchange, 16*(1), 14 - 26.

Poincaré, H. (1952). *Science and method.* New York: Dover.

Polanyi, M. (1967). *The tacit dimension.* New York: Anchor.

Polya, G. (1957). *How to solve it* (2nd ed.). Princeton, NJ: Princeton University Press.

Polya, G. (1981). *Mathematical discovery: On understanding, learning and teaching problem solving* (Vol. 2). New York: Wiley. (Original work published 1965)

Ramseyer, U. (1938). *The art and culture of Bali.* New York: Oxford University Press.

Raywid, M. A. (1981). Up from agape. In W. F. Pinar (Ed.), *Contemporary curriculum discourses.* New York: Peter Lang.

Resnick, L., & Glaser, R. (1976). Problem solving and intelligence. In L.B. Resnick (Ed.), *The nature of intelligence* (pp. 205 – 230). Hillsdale, NJ: Lawrence Erlbaum.

Ricoeur, P. (1976). *Interpretation theory: Discourse and the surplus of meaning.* Fort Worth: Texas Christian University Press.

Ricoeur, P. (1977). *The rule of metaphor: Multi-disciplinary studies of the creation of meaning in language* (R. Czerny, K. Mclaughlin, & J. Costello, Trans.). Toronto, Ontario: University of Toronto Press.

Ricoeur, P. (1978). *The philosophy of Paul Ricoeur: An anthology of his work* (C.E. Stewart & D. Stewart, Eds.). Boston: Beacon.

Ricoeur, P. (1984). *Time and narrative* (K. Mclaughlin & D. Pellauer, Trans.). Chicago: University of Chicago Press.

Ricoeur, P. (1989). The narrative path. In *The later works of Paul Ricoeur.* Cambridge: Massachusetts Institute of Technology Press.

Ricoeur, P. (1991). *A Ricoeur reader: Reflection and imagination* (M.J. Valdés, Ed.). Toronto, Ontario: University of Toronto Press.

Roberts, W.R. (Trans.). (1954). [Aristotle's] *Rhetoric.* New York: The Modern Library.

Rogers, T., & Schofield, A. (in press). Portraits of youth multiliteracies: Exploring narratives of becoming among students in an alternative secondary program. In J. Anderson, M. Kendrick, T. Rogers, & S. Smythe, *Portraits of Literacy.*

Root-Bernstein, R., & Root-Bernstein, M. (1999). *Sparks of genius: The 13 thinking tools of the world's most creative people.* Boston: Mariner.

Rosenau, P.M. (1992). Post-modernism and the social sciences: Insights, inroads, and intrusions. Princeton, NJ: Princeton University Press.

Rota, G. (1997). *Indiscrete thoughts.* Boston: Birkhauser.

Rousseau, J.-J. (1911). *Émile* (B. Foxley, Trans.). London: Dent. (Original work published 1762)

Rousseau, J.-J. (1979). *Émile or on education* (A. Bloom, Trans.). London: Basic. (Original work published 1762)

Rugg, H. (1963). *Imagination* (K. Benne, Ed.). New York: Harper & Row.

Rusbult, C. (2000). *An introduction to design.* Retrieved online November 18, 2002, from http://www.sit.wisc.edu/~crusbult/methods/intro.htm

Ryle, G. (1949). *The concept of education.* London: Hutchinson.

Saramago, J. (1997). *Blindness.* Orlando, Fl.: Harcourt.

Schön, D. (1987). *Educating the reflective practitioner.* San Fransisco: Jossey-Bass.

Siegel, H. (1988). *Educating reason: Rationality, critical thinking and education.* New York: Routledge.

Sinclair, N. (2002). The kissing triangles: The aesthetics of mathematical discovery. *International Journal of Computers for Mathematics Learning, 7*(1), 45 – 63.

Singer, D.G., & Singer, J.L. (1990). *The house of make-believe.* Cambridge, MA: Harvard University Press.

Singh, S. (1997). *Fermat's enigma.* New York: Viking Penguin.

Slattum, J. (1992). *Masks of Bali.* San Francisco: Chronicle Books.

Sleeter, C., & Montecinos, C. (1999). Forging partnerships for multicultural teacher education. In S. May (Ed.), *Critical multiculturalism: Rethinking multicultural and antiracist education* (pp. 113 –137). London: Falmer.

Smith, D. E. (1990). *The conceptual practices of power: A feminist sociology of knowledge.* Toronto, Ontario: University of Toronto Press.

Spies, W., & DeZoete, B. (1983). *Dance and drama in Bali.* London: Faber & Faber.

Spring, J. (2000). *American education* (9th ed.). New York: McGraw-Hill.

Sterling, C. (1994, June 22). Arts education means business. *Education Week.* Retrieved on July 18, 2002, from http://www.edweek.org/ew/ew_printstory.cfm?slug=39ster.h13

Street, B. (1995). *Social literacies: Critical approaches to literacy in development, ethnography and education.* New York: Longman.

Surrey School District. (2003). *Ninth annual report of The Improving Student Learning Committee, 2002 - 2003.* Surrey, UK: School District 36.

Surrey Social Futures. (2005). *Surrey/White Rock Community Impact Profile, 2004.* Surrey, UK: Author.

Sutton-Smith, B. (1988). In search of the imagination. In K. Egan & D. Nadaner (Eds.), *Imagination and education.* New York: Teachers College Press.

Taylor, C. (1989). *Sources of the self: The making of the modern identity.* Cambridge, MA: Harvard University Press.

Taylor, C. (1992). *Multiculturalism and "the politics of difference."* Princeton, NJ: Princeton University Press.

Taylor, C. (1994). *Multiculturalism: Examining the politics of recognition* (A. Gutmann, Ed. and Intro.). Princeton, NJ: Princeton University Press.

Treffers, A. (1993). Wiskobas and Freudenthal: Realistic mathematics education. *Educational Studies in Mathematics, 25,* 89 - 108.

Turner, A. R. (1992). *Inventing Leonardo.* Berkeley: University of California Press.

Turner, A. R. (1997). *Renaissance Florence: The invention of a new art.* New York: Harry N. Abrams.

Viereck, G. S. (1929). What life means to Einstein: An interview by George Sylvester Viereck. *The Saturday Evening Post,* October 26, p. 17.

Warnock, M. (1976). *Imagination.* London: Faber.

Weiner, R. P. (2000). *Creativity and beyond.* Albany: State University of New York Press.

Weisberg, R. (1993). *Creativity: Beyond the myth of genius.* New York: W. H. Freeman.

Welch, E. (1997). *Art in Renaissance Italy.* Oxford, UK: Oxford University Press.

White, A. R. (1990). *The language of imagination.* Oxford, UK: Blackwell.

Whitehead, A. (1959). *The aims of education and other essays.* New York: Macmillan.

Whittlesea, B., & Williams, L. (2001). The discrepancy-attribution hypothesis: The heuristic basis of feelings of familiarity. *Journal for Experimental Psychology: Learning, Memory, and Cognition, 27*(1), 3 - 13.

Wordsworth, W. (1807). *Ode: Intimations of immortality from recollections of early childhood.* In *Oxford Book of English Verse* (p. 536). Oxford: Oxford University Press.

Wordsworth, W. (1991). *The prelude* (S. Gill, Ed.). Cambridge, UK: Cambridge University Press. (Original work published 1805)

Brown, S., 67

Bruner, J., 13, 35, 36, 62, 64, 66

Bryan(student), Bryan(学生), 119 – 22

Button, L., 62, 66, 70

Cajete, G., 136

Camus, Albert, 99 – 100

Canadian Centre for Education Alternatives 加拿大另类教育中心, 118

Care, ethic of 关怀, 伦理, 27, 29

Case, R., 45, 48

Casey, B., 33

Casti, John, 44, 49

Chambliss, J.J., 30

Child-centered classroom 儿童中心课堂, 129

Child-centered empirical evidence fallacy 儿童中心经验证据的谬误, 90 – 91, 92

Children, understanding of 儿童, 理解, 136

Civil Rights Act(1964) 国民权利法案(1964), 54

Clark, A., 133

Classroom 课堂

And at-risk youth 和问题青年, 117 – 22

Child-centered 儿童中心, 129

and development of imagination 和想象力的发展, 137

and dimension of imagination 和想象力的, 135

mathematics in 数学, 70 – 74

and multicultural education 和多元文化教育, 126, 127, 129

and pedagogical triangle 和教育三角关系, 128, 129

science in 科学, 93 – 94

Cobb, Edith, 31, 33, 36

Codell, E. R., 137

Cognition 认知

and critical thinking 和批判性思维, 46

and definition of imagination 和想象力的定

义, 23, 25

and emotions 和情绪, 18

and literature 和文学, 76

and mathematics 和数学, 61 – 74

and role of imagination in education 和教育中想象的作用, 18

See also Rationality 另见理性

Coleridge, Samuel Taylor, 7, 22, 63

Coles, Robert, 15

Comenius, 37, 41n4

Community 共同体, 117 – 19, 130, 135

Concrete versus abstract conundrum 具体与抽象相对的难题, 90, 91 – 92

Condillac, Etienne Bonnot de, Etienne Bonnot de Condillac, 22, 23

Content 内容, 28, 69, 105, 10, 124

Context 背景

arts educatin in cultural 文化中的艺术教育, 101 – 16

and at-risk youth 和问题青年, 117 – 19

and critiques of conceptions of imagination 和对想象力概念的评论, 105

and definition of imagination 和想象力的概念, 26 – 27, 28

and mathematics 和数学, 69

and pedagogical triangle 和教育三角关系, 128

social 社会的, 128

variation in imaginative work according to 富有想象力的作品根据……呈现不同, 114

Coombs, J.R., 45, 48

Cope, B., 123, 124

Copernicus, 7, 50 – 51

Cornford, F. M., 5

Covarrubias, M., 108

Creativity 创造力

artistic 艺术的, 31 – 32, 106, 109, 110, 112

and definition of imagination 和想象力的定

后　记

　　教育是知识创新、传播和应用的主要基地,也是培育创新精神和创新人才的摇篮。然而以未来发展的战略眼光来审视一下当今的教育,就不难发现我们的教育在培养学生想象力和创造性方面的弊端日益明显。本书以学校教育中学生想象力的培养为中心议题,从历史、哲学、社会学和心理学等多个视角出发,着重探讨了想象力的内涵和意义、想象力与学校教育的关系、想象力的思想渊源以及不同课程中学生想象力培养等方面的问题。本书既具有较强的理论性,又具有较好的实践指导性,对于推动、深化我国的课程改革与学科教学的发展具有重要的理论价值和现实意义。

　　在人的一切智力因素中,想象力是最为可贵的、也是最难培养的。想象力是一种能力、一种智力,但更是一种性格、一种人生态度、一种生存方式、一种富有诗意生命的馈赠。想象力常常与童心相伴,因此,儿童是最富有想象力的。然而,多数人在长大之后,想象力也随之消失殆尽。一位外国教育专家来到中国考察。他到幼儿园里去,用粉笔在教室的黑板上轻轻一触,黑板上就出现了一个小白点,他问这些还未进小学校门的孩子:"这是什么?"孩子们活跃极了:这是星星,这是小虫,这是路边的石子,这是树上的甜果……各种各样的答案,丰富多彩的想象。接着,这位专家又来到一所中学的初一年级教室,做了一个同样的动作,提了一个相同的问题,全班同学茫然了:"这是什么?"专家语调轻轻地解释说:"没有什么别的意思,只是问,这是什么?"全班同学这才释然,齐声回答:"这是粉笔点!"没有一点杂音。这位外国教育专家感叹地说:"通过几年的小学教育,学生的思维都被训练成单向和固定的,缺乏想象力。"

　　对此,我们不禁要追问:学生的想象力到哪里去了? 学生的想象力是怎样从课堂上消失的? 为什么我们的课程不鼓励学生独立的思考和想象能力? 这应该引起我们对于学校教育的深刻反思。

　　在当今教育中,想象力的培养不仅没有受到应有的重视,反而受到严重的压制和窒息。剥夺儿童与生俱来的想象力的,不是别的,恰恰是远离儿童生活世界的学校教育,是教育中奉行的"成人中心""知识本位"等错误观念,是缺乏想象力的教师。苏霍姆林斯基曾指出:"教师把准备好的种种原理、结论和推理一股脑塞进儿童的脑子,往往不让儿童有可能哪怕接触一下思维和活的言语的源泉,这就捆住了他们的幻想、想象力和创造力的翅膀。孩子时常由富有朝气的、积极的、活跃的人变成了仿佛专门用于背诵的机器。不,这样下去是不行的。绝不应当用一道砖墙把儿童跟周围的世界隔离开来;绝不应当剥夺儿童精神生活的欢乐。只有当儿童生活在游戏、童话、音乐、幻想和创造的世界之中的时候,他们的精神生活才是有价值的。如果没有这一切,他就会成为一朵压干了的花。"他认为,之所以有着鲜明而生动的想象力的孩子在经过两三年的学校教育之后变得思维单一、反应迟钝,是因为学校教育中掌握知识的过程与学生的精神生活严重脱节。他提出,不要让学校的大门把孩子的意识活动同周围世界隔绝开来,不要让鲜明的生活世界连同它的规律性从孩子的视线内消失,不要把孩子的头脑变成知识的储藏室和真理、规则、公式的堆积站,而要让周围世界和大自然以其鲜明的形象、画面、知觉和想象在整个儿童时代源源不断给他们的意识提供养料,要让孩子在学校教育中保持着同大自然和社会的广泛接触和联系,使他们能从其中获取想象和创造的灵感。

在人的各种能力的培养中,没有什么比唤醒、培养、开发、发展学生的想象力更重要的事了。英国教育哲学家怀特海将想象力的培养作为大学"存在的理由",更是给想象力赋予了至高无上的地位。他在《教育的目的》中指出:"大学存在的理由是,它使青年和老年人融为一体,对学术进行充满想象力的方式传授知识。至少这是它对社会所应起的作用。一所大学若不能发挥这种作用,它便失去了存在的价值。……青年人富有想象力,如果通过训练来加强这种想象力,那么这种富于想象的活力便很可能保持终生。人类的悲剧在于,那些富有想象力的人缺少经验,而那些有经验的人则想象力贫乏。愚人没有知识却凭想象办事;书呆子缺乏想象力但凭知识行事。而大学的任务就是将想象力和经验融为一体。"他说的固然是大学教育,而广泛意义上的教育何尝不是如此。

总之,我们的教育应该将学生的感知、经验、知识与想象力相结合,造就富有创造力和想象力的人;教育应该把培养学生的想象力作为根本使命,让每一位毕业生能在事业上有所成就,在社会生活中获得幸福,享有充分的自豪与自尊;教育还应更多地给予学生丰盈的情感、丰硕的思想和真实的感受,为他们将来能在这个世界上"诗意地安居"奠定良好的精神基础。

本书充满了精妙的分析、形象的比喻和睿智的思想,我们在翻译的过程中,无不为其独到而深刻的见解所折服。但是,由于译者的水平有限,对于许多学术术语的翻译不免生硬难懂,也可能有误译的地方,恳请读者批评指正。

本书翻译的具体分工如下：第一、二、三章：王攀峰、张天宝。第四、五章：杨良敏。第六、七章：王晓征、王攀峰。第八、九章：黄梅梅、杨良敏。最终由王攀峰、张天宝统校了全部译稿。

首先感谢敬爱的导师杨小微教授，不嫌学生学识之浅薄，邀请我们参与译丛的翻译工作，并给我们以极大的鞭策和鼓舞。华东师范大学出版社的刘荣飞先生及审稿人员为本书的出版付出了大量的心血，他们严谨认真的工作态度令我们肃然起敬。首都师范大学教育科学学院的徐玉珍教授、张景斌教授、丁邦平教授就本书的相关问题提出过宝贵建议，并给予我们许多鼓励和帮助。最后，特别要感谢我的家人，正是他们始终如一的支持和付出，使我们得以完成此书。

王攀峰

2010 年 1 月

图书在版编目（CIP）数据

走出"盒子"的教与学：在课程中激发想象力/（美）Egan，
K.等编著；王攀峰　张天宝译.—上海：华东师范大学出版
社，2010.5
（当代学校变革的理论与实践）
ISBN 978 - 7 - 5617 - 7491 - 5

Ⅰ.①走…　Ⅱ.①Egan…②王…③张…　Ⅲ.①课堂教
学－教学研究　Ⅳ.①G424.21

中国版本图书馆 CIP 数据核字(2010)第 009022 号

当代学校变革的理论与实践

走出"盒子"的教与学

在课程中激发想象力

编　　著　Kieran Egan，Maureen Stout，Keiichi Takaya
译　　者　王攀峰　张天宝
策划编辑　彭呈军
组稿编辑　刘荣飞
审读编辑　肖家兰
责任校对　汤　定
装帧设计　高　山

出版发行　华东师范大学出版社
社　　址　上海市中山北路 3663 号　邮编 200062
网　　址　www.ecnupress.com.cn
电　　话　021 - 60821666　行政传真 021 - 62572105
客服电话　021 - 62865537　门市（邮购）电话 021 - 62869887
地　　址　上海市中山北路 3663 号华东师范大学校内先锋路口
网　　店　http://hdsdcbs.tmall.com

印 刷 者　上海商务联西印刷有限公司
开　　本　787×1092　16 开
印　　张　10.5
字　　数　173 千字
版　　次　2010 年 5 月第 1 版
印　　次　2013 年 4 月第 3 次
印　　数　6601 - 8700
书　　号　ISBN 978 - 7 - 5617 - 7491 - 5/G·4333
定　　价　24.00 元

出 版 人　朱杰人

（如发现本版图书有印订质量问题，请寄回本社客服中心调换或电话 021 - 62865537 联系）